私らしいハッピーキャリアの見つけ方

美キャリア

小島貴子 著

はじめに

人生の事は誰も教えてはくれません。
自分の人生を作れるのは、自分だけです。
貴方自身の人生を作るためには、自分自身を知り、自分を信じ、
自分を愛している必要があります。

もし貴方が何かを決めるときに、自分ひとりでは、何も決める事ができず、
人の目が気になり、時に人を羨み、人と自分の人生を比べ一喜一憂ばかりして、
本当の自分としての生きる時間を失ってしまっていたとしたらどうでしょうか？

もし、ほんの少しでも自分の人生を自分で作ることができるレッスンがあるのならば、
誰もが受けたいのではないでしょうか？
この本のレッスンは、他者から人生を教えてもらうレッスンではなく、

自分の今までの人生を振り返り、自分の感情と思考を整理して、自分の時間を使って自分が行うものです。

ウンザリするぐらい存分に「自分」「自分」と自分と向き合って人生のレッスンをしてください。

自分の人生を決めるのも、生きるのも自分なのですから。

本文中に、沢山のワークができます。このワークは最後のLesson5としてもまとめてあります。

ぜひ活用をして、貴方の「美キャリア」を現実のものにしてください。

目次 CONTENTS

Lesson 4

3年間を振り返ってみましょう

- Lesson -

1

「美キャリア」とは？

日本社会における「女性」について

この本は貴方のキャリアを考える本です。

まずはキャリアについて考える前に、貴方自身が「女」であるということを少し考えてからレッスンを始めましょう。


女性は、女偏がつく以下のような漢字で表される役割が、人生を大きく占めます。

娘（むすめ）……良い女になりなさい。

嫁（よめ）……家にいる女。

姑（しゅうとめ）……古くなった女。


なんだか、漢字だけを見ても、ちょっと苦しいですね。

私は、やや古くなってきた女ですが、私にも娘としての役割を果たさねばならない時期もあれば、嫁の役割をせねばならない時期もありました。

かつて母は、私にとって絶対者で、母は母自身の考える「良い女」を私に強要していました。母の時代の「良い」と母の持つ「価値観」は、私が成長するにつれて私には「合わない」ものになっていきました。

それに気が付いたことが、私の精神的自立への初めの一歩でした。

そして、母から離れ、私が社会で生きていくためには、親から独立して「稼げる」人間にならなければなりませんでした。しかし私が社会に出た昭和の時代には、「稼げる女性の仕事」は、まだまだ少なく、私は都市銀行に就職し、与えられた仕事をそつなく処理する仕事をしていました。次に、私は結婚し、妻となり、嫁となりました。ここで強く感じたのは、経済的な自立がないと精神的な自立が揺らぐという現実です。欲しいものを買う力のない非力さ、買うことに同意がいる息苦しさを感じました。

私が結婚した1982年は、残念なことに、「寿退社」という言葉がまだ現存していました。大学を卒業したばかりの夫の給料では、2人が生活することは不可能で、私は「寿退社」を選択しなかった珍しい存在として、当時の都市銀行に「居残り」ました。

しかし、この珍しい存在に「価値」を作らなければ「居心地が悪い」ので、私は当時のすばらしい上司の応援で、初めて自分にとって「仕事」と言えるような「仕事」に出会い、「労働に対する価値観」を得ることができました。

その仕事とは、銀行の窓口業務の中で、顧客の潜在的なニーズを探り、それを契約に結びつけるというものです。この仕事の中で自分自身が価値観を実感できたことは、後々の職業選択の時にも大きな力となりました。

簡単に言うと、同じ仕事をほかの人と一緒にしても、その仕事に自分自身がどんなところへ価値を置いて取り組むか、が「価値観の実感」なのです。

私は、この銀行の業務で顧客のニーズを探り、それを提供することの面白さを知りました。それがきっかけで人に対しても興味を持ち始め、その後、いったん専業主婦を経て、再び社会復帰する時にも、スタートは「人材教育」の分野からでした。そしてこの教育の分野についての「価値観の実感」は40年経った今でも、私の土台となっています。

女の時間

さて、改めて私は、「女」を約60年生きてきて、女性の役割には「時間の経過による変化」がはっきりしていると改めて実感しました。つまり女性の役割はその時々の環境や状況によって変化するということです。

ここで私自身、改めて自分自身を振り返り、この「女」という役割を持った（持たされた）性を存分に豊かに楽しむためには、何が必要で、何が不足で、何をすればよいか？を考えてみました。

しかし最初に身も蓋もないことを言えば、ここには「正解」も「結論」もないのです。それは、その人自身が日々の生活で感じ、考え、行動する事によって作られていく、つまり変化していくものだからです。

しかし、敢えて私が私の人生に欠落し、もっと早く気が付けばと思っていることは、「美しい」という概念を人生に持っていれば良かったということです。そうすれば、もっと彩のある生活であっただろう、というある種の後悔もあります。

美醜というのは、客観よりも主観が大事なのではないか？　とも思っています。

つまり、人からどう見えるかではなくて、自分の中に「美」について、何が美しいのか、という価値基準を持つと、自分の言動そのものがその基準にあっているかどうかを考えるようになります。

私は、キャリアカウンセラーという仕事をする中で、本当にたくさんの女性のキャリアについての相談を受けてきました。そして、私自身も「女としてのキャリア」に悩み苦しんできました。

そんな中で、年齢や容姿、環境や学歴という括りに捉われない、自分なりに、自分が描く「美しいキャリア（＝美キャリア）」を手に入れて欲しい、そして私自身もそんなキャリアを作っていきたい、そう考えるようになりました。

そこで、私は、「キャリア」＝「人生」を考える中で、「美しい」という表現をキャリアの中にも使えるのではないか？　と考えるようになりました。

そして自分のキャリアを美しい、と思えるような人生をぜひ貴方にも歩んでもらいたいのです。

日本は、世界で最初に平均寿命が１００年となった国です。２０２０年には、女性の２人に１人は50歳以上という女性高齢大国になります。その中で、女性が生きていくということは、もしかしたら「美しい」という言葉とは真逆の未来が待っているのでは？という不安を感じる人も少なくないと思います。本当にそうでしょうか？　女性は年齢や容姿で価値が決まるのでしょうか？

貴方の未来は何も始まっていません。

今日は、明日になれば「昨日」です。今日は明日の「過去」です。貴方の未来は、「今日」の貴方が作っているということを忘れないで欲しいのです。

今、日本では約70％の人が「不安」を感じて生きているそうです。

あいまいな不安を入れると、誰もがいつも、何かしらの「不安」を持っていることでしょう。もちろん私も、そしてこの本を手に取ってくれた貴方も「不安」と「息苦しさ」を持っています。そしてそれと同時に、タイトルにある「美」という言葉に惹かれた「美意識」を持っているのだと思います。

人生には常に不安と不全感が付きまとい、常に何かが足りないと感じます。

この不全感を理解し、超えられたらもっと「自分を大切にできる」「自分が自分の人生を愛おしく感じる事ができるかもしれない」という仮説を立ててみました。「自分の人生を自分で考えているつもりだけれど、できていない。何かをしなければと思っていても、行動へ向けて日常を生きることができていない」貴方は、そう思っているのではないでしょうか。


私自身は、「美しいキャリア（＝美キャリア）」とは、自分で自分を育て、精神的にも社会的にも、そして、経済的にもきちんと自立すること、だと考えています。一見、当たり前のことのように見えますが、実は誰しもが、なかなかできていないことでもあるのです。

だからこそ、この「美しいキャリア（＝美キャリア）」を築いていくためにも、この「なかなかできない事を少しずつできるようにするＬｅｓｓｏｎ」を始めてみましょう。

夢から現実を見てみる

「夢のよう」という言葉があります。まさか叶うと思っていないから、叶ったことは「夢のよう」であり、そもそも夢は叶いにくいから夢なのです。

ですから、そもそも夢は非現実のものなのでしょうか？

実は、決してそんなことはありません。

仕事でキャリアチェンジすること、起業すること、転職や海外移住、好きな人との恋愛がうまくいくこと、結婚して子どもを持つこと、習い事など趣味の分野でスキルアップすること、はたまた何かを成し遂げること……、などなど女性の生活の中には、様々な「夢」があります。


そして誰もがその夢をいつか実現したいと思っていますよね？

夢は、未来の自分です。なっていたい未来の姿です。

その未来の自分を作っているのは、「今ここの自分」なのです。「こうありたい」という未来の自分を作るためには、現実をきっちりと理解する事が大切です。

ここで言う現実とは、自分・社会・世界・他者そして過去からつながっている自分を含める大きな現実のことをさします。

この現実を理解し、受け入れることができると、未来の自分までの現実との「ギャップ」が見えてきます。

このギャップは、「課題」です。「課題」には、「問題」も含まれます。

ギャップという「課題」を設定し、そこで起きると想定される「問題」を解決する事を一つひとつ日常で行う事で、未来の自分に出会えるのです。

例えば、3年後の自分は、アジアで日本製品を営業する仕事をしたい、とします。

その未来のためには、今の状況をきちんと整理し、理解をしてみる必要があります。

すると、アジアへの理解が足りない。営業に対する経験値も足りない。しかし、これまでのキャリアで逆境を乗り越えてきたという経験はある。人見知りはするが、人と出会う事は好き。語学は苦手だが、コツコツは嫌いじゃない、といった現実の自分と過去の自分が見えてきたとします。

すると、3年後の「なりたい自分」になるための課題＝今、何をしたらいいかが自ずと見えてきますよね？

・アジアへの理解を深める
・営業経験を上げる
・語学力をつける

これ以外にも、きっと家族の理解を取り付ける、今の仕事をどうするか？　といった問題も見えてくることでしょう。

「夢」を「現実」にするのは、今の現実から「未来」までの「プロセス」に起きる問題解決を具体化することが大事なのです。

ワーク1　現在の自分の夢や、やりたいことを書き出してみましょう↓150ページ

「夢」と言うと大げさに聞こえるかもしれませんが、実現していないこと、実現できたら自分が幸せだと思えること、他人からすればささいなこと、口に出すのが恥ずかしいことでもいいのです。

とにかくこれからの人生でやってみたいこと、成し遂げてみたいことを、何でもいいので思いつくままに挙げてみてください。


意識する事が、自分の行動へ結びつく大きな行動となります。

自分の頭・心の中にある「あいまい」なものを「具体的」にするＬｅｓｓｏｎです。

いくつ挙がりましたか？

その夢を実現した貴方の姿こそ、自分が思い描く「貴方がなりたい自分」、すなわち「美キャリア」の準備を手に入れた自分です。

サプリ 1

もしかしたら「ぜんぜん挙げられない！」という人もいるかもしれません。

そういう人は、自分の周囲の人に、その人の夢を聞いてみましょう。他人の夢を聞くことで、「そう言われてみれば私も……」と自分の夢を思い浮かべるヒントになることもあります。

人は成長したいもの

実は人は誰しも成長したいと思っている生き物なのです。

どうして成長したいと思うのでしょうか？

それはいつでも人の心の中には「なりたい自分」「変わりたい自分」という「別の自分」への願望があるからです。

また、夢にもたくさんの種類があります。「来年は昇格したい」「趣味のダンスが上手になりたい」「結婚したい」「明日の夕食に〇〇が食べたい」「大好きな俳優さんにいつか会いたい」などなど実現できそうなものから、「女優になりたい」「宝くじに当たりたい」という正直実現が厳しそうなものまで、人はいつでも「〇〇したい」という思い（＝願望）を持って生きています。それこそが「美キャリア」を手に入れるために必要な「動機」そのものです。

欲望、願望が薄いというのは、ある意味自分の人生への否定かもしれません。自信がない、そんなにガツガツしたくないという人もいます。

今だけを生きているのではなく、私達は未来の自分のためにも生きているという事をもっと意識してあげて欲しいのです。「あの時もっとこうしていれば」「あの時こうだったら」……。「たら・れば」そのものが、後悔なのです。

「なりたい自分」を作っているのは、「今の自分」。

願望を持つことは、貴方が「なりたい自分」にどんどん近づいていくことになります。そして夢を実現するために努力することは、自分自身の成長にもつながります。

そして一番は、自分自身が幸せになることです。充実感を持った生活を自分から作りませんか？　人のためではなく、自分のためなのですから。もっと欲を持ってあげましょう。

私は欲がない、という人は、遠い昔の自分を思い出してください。

昔の自分へ何かアドバイスをしてあげてください。

また、これまでの人生で、何度か夢が実現しなかったら、夢なんて考える事自体が無意味と思っている人。夢は夢、現実が大事と考えている人。

確かに、そんなに簡単に「なりたい自分」が実現したら、世の中の誰もが「不満」を持つことはないでしょう。

しかし、夢を実現可能にするためのプロセスを理解して、実際の行動を始めてみると、今までとは違った社会の景色、他者との関係ができてくる可能性が高いは事実なのです。今の生活に閉塞を感じている人は、是非、無心になって自分の中に眠らせているワクワクする自分を起こしてあげてください。

では、今、貴方が思い描いているたくさんの夢を叶えるためには、何が必要でしょうか？　それにはまず、貴方自身が自分自身をよく知ることです。知っているようでいて、実はよく知らないのが自分自身のことです。


ところで「キャリア（＝career）」という言葉の語源は、古代ラテン語の「車輪の轍（轍）」からきています。

つまり車輪の跡のことです。

少し、想像してみてください。

まず、車輪の上には「車体」が乗っています。これを「今の居場所」と考えましょう。

自分は、前を向いていますよね。その先がしっかりと見えていて、順調に目的の場所に進んでいたら、車は止まりませんし、車の轍を見る事もありません。

しかし、目的の場所が分からなくなって迷子になったり、車の調子が悪い時は、その車自体が嫌いになったり、今の自分に合わなくなったりします。そのような事が起きたら、一旦その車から降りて、自分が来た道を振り返りませんか？　または、違う車を探しませんか？

そうです。キャリアは、「振り返って・分かる・知る」事で、改めて「今」を分かる事でもあるのです。

ワーク２　**１年前の自分を振り返ってみましょう**→151ページ

１年前の自分はどんな夢や希望を持っていて、それが現在どうなっているかを考えてみてください。１年前の自分の行動・思考・感情・選択が今の自分を作っている要素ですよね。ですから、１年後の自分のために、改めて、１年前の自分を改めて振り返るのです。

どうでしたか？

1年前の自分の写真と今の自分は変わっていましたか？
去年の貴方は、今年の貴方を意識して、そして理解して行動していましたか？
何だか、代わり映えがしない？　もっと頑張って欲しかった？
どうして、もっとはっきりと意見を言わなかった？
ありがとう！　去年の私！　助かったよぉ～！
夢や、やりたいことは実現していましたか？

実行していなかったり夢や希望が変わっていたりした人は、どうしてそうなったのか、その理由を考えてみてください。
振り返りの中で、貴方自身の心の中にある自分の夢の傾向や、夢に対する姿勢（飽きっぽい、決めたことはやりとげるなど）がある程度見えてくるのではないでしょうか？

自分の未来を大切にすることが、今日の貴方を生きる事でもあります。
そして、それは貴方自身を知ることにもつながっていきます。

これは当たり前のことですが、心の中の自分はいつも自分自身と一緒にいます。でも自分が本当は人からどう見られているか？　とか、本当の自分はどういう性格なのか？　とか、意外と本当の自分って見えていないものです。いえ、見たくない自分もいるのです。まずは自分自身をよく知ること。それが夢への実現の第一歩、つまり「美キャリア」を形成するための第一歩になります。

自分を知らないと、人が気になってばかり、人とくらべてばかりになってしまいます。人をうらやんでばかりいると、大事な自分を考え作る時間を奪ってしまします。

自分を知ると、他者と自分は違うという当たり前のことを理解できるようになります。自分を知ると、もっと自分を大切にしようと思うようになります。

サプリ 2

1年前の自分をうまく思い出せない、記憶があまりない、という人は、友人に1年前の自分がどうだったか、今の自分とどう違うか、インタビューしてみましょう。そうすることで、今との違いがわかるだけではなく、自分が思っているのとは違う、「他人から見える自分」というのも見えてくるはずです。

経済的な自立が自分を楽に

今の貴方の経済的な不安は、どこから派生するものでしょうか？　仕事上の雇用関係でこれからの収入が不定期で不安。今の会社と自分の関係が不安定、自分自身の能力で得られる収入が将来も続くか不安、といったところでしょうか？

実はキャリアの不安の根っこにあるのは、経済の不安だと思います。この経済的な不安を少しでも軽減するか、理解しないと未来の自分の夢は描けないのです。

そこで、自分を雇用されている自分から一度解き放し、自分自身の経済的な価値、市場としての価値という大胆な見方をしてみませんか？

企業の中で雇用され、仕事の対価として収入を得ている自分自身を企業と見立てます。

ワーク3　**自分の資産をリストアップしてみましょう**↓154ページ

自分という存在を「自分株式会社」に見立て、この1年間、この自分株式会社で、決算を行って自分の収支＝自分の価値を明確にしてみましょう。

これを行うと、貴方の1年間にどんな価値が生まれて、それが未来への繰り越し資産として残っているかが見えてきます。

また、自分自身が成長するためには、費用として何に投資していたか、逆に負債になるようなことは何をしていたかが分かってくると思います。

漠然とした「自分」を明確な「自分」へと貴方自身で認識することは、これからの行動の決断に大きく役に立つことでしょう。

例えば恋愛がしたいと思っていたら、気が付いたら妻子ある人と恋愛をしていた。漠然と「この人と一緒にいる時間って何だろう？」と不安や苛立ちを感じていましたが、好きという感情が付き合いを断ち切ることを阻んでしまってどうにもならない。そんな相談を受けることがあります。

感情は理性を誤魔化すことができる強いものです。相手を好きに思う感情は自分の未来を見えなくしてしまいます。でも、理性で考えることができれば、「今の自分に使える時間が有限ならば、今、使う時間は不倫に費やす時間ではないはず」という考えも理解ができるようになります。そして「別れる勇気」は、自分の未来についての理解があれば「悪い事」ではないとわかります。

愛情は、とても素敵な資産です。しかし、その愛情が未来へつながる可能性が少ない事を自分自身で封印しているのだとしたら、自分で自分の夢の実現や未来の可能性をつぶしていることになります。

貴方とその人は、どれぐらいの時間を共にできましたか？　そこに「生まれた」事はどんなことでしたか？　貴方は、その人と一緒にいるために、何を使いましたか？

人間関係を収支では表せないと思うのは事実です。しかし大切な時間（キャリア）を未来へつなげられない関係で苦しんでいる人も少なくありません。

また、未来の自分のために、「学ぶ」事は一時的な「費用」ですが、これを収入にするためには、更に具体的な経営計画を作り、「いつまでに回収」するかを考えて行動を開始する事が必要です。

例えば今は不安定な雇用契約だけれども、時間の自由はある。だからこの時間に少し専門的な勉強を始めよう、このステップは2年後の再就職活動にはきっと大きな資産として履歴書へ記入できる、というような具体性へつながります。

すべての時間は、未来の自分のためのものなのです。

ＯＫな私

人は誰も自分のことをよく知っているようで知らないものです。

もちろん、今の貴方が「私ってこういう人間」「私ってこういう性格」って思っていることは、決して間違いではありません。

でも、貴方はとても多くの要素から構成された一人の人間です。

そこには、明るくて前向きな考えをもった貴方もいれば、ちょっとしたことでクヨクヨしてしまう貴方や、他人と自分を比較して落ち込んでしまう貴方もいるはずです。好きな人のそばでは、その人が好きな自分を出します。苦手な人との空間には、どこかで壁を作っている自分がいます。

また、人によっては、いつも「どうして私ってこういうことばっかり……」とか「私のこういうところが嫌」とマイナス面ばかりを見てしまっていることもあるでしょう。正直、自分ディスカウントは、自己が傷つかないようにする予防であり、「小さい自分」がある方が「楽」というものが作用してしまうこともあります。

それは私自身が「小さい自分」の「楽さ」を知っているからです。ただ、この小さい自分には、入って来る様々な事も「小さい」のです。

マイナスな自分を見ているならば、一度主観から離れて客観の自分も見てみませんか？私はよく大学の授業や、講演会でこう言っています。「貴方の中には１００個以上の素敵な自分、ＯＫな自分がいるはずです」って。

ここでいう「ＯＫな自分」というのは、自分で肯定できるような「自分」のことです。

誰もが、いい自分、素敵な自分を持っています。でもそれに気が付いていないだけ。いや、大きな自分を出すと、揚げ足を取られそう。馬鹿にされそう。とまだ起きていない社会や他者からの評価に怯えているのかもしれません。でも、それではもったいないと思いませんか？

ワーク4 自分の中の「OK」と「NO」を書き出してみましょう→156ページ

まずは自分の中の何が「OK」な点で、何が「NO」なのかを書き出してみるといいでしょう。

ここでいう「OK」「NO」の「OK」とは、自分が自分の中でいいなと思う部分、ここは長所だなと思う部分です。「コツコツやることが好きだ」「頼まれたら嫌といえない」「嫌いな食べ物がない」「毎日ランニングをしている」「ふくらはぎのラインはちょっと自慢だ」「まつげにマッチ棒がのるくらい長い」などなど……。内面のことでも外見のことでも、過去のことでも、最近のことでも何でもいいのです。思いつく限りどんどん書き出してみましょう。

「OK」な自分の書き出しが終わったら、今度は「NO」についても同様に書き出してみましょう。

この「NO」の部分というのは、自分の中で「もう少しこうだったらいいのに」とか「自分のここを変えたい」とか「自分の短所や欠点かな」と思う点です。例えば「うたれ弱い」「嫌なことがあるとすぐ顔にでる」「小さなことにクヨクヨしがち」「何時も自分の意見が言えない」などなど。こちらもどんな小さなことでもいいのです。思いつくままに書き出してみてください。

実は「なりたい」自分を知るためには、この「NO」の自分を知ることが大事なのです。なぜなら「NO」の自分の中には、自分が気にしている弱みやコンプレックス、克服したいのだけれど、なかなか克服できない悩みが隠されているからです。

ここを掘り下げることで、自分も知らなかった新たな側面が見えてくることがあります。そしてそこを開拓することで、新しい自分が発見できるのです。

「素敵な私」を100個見つけよう

ワーク3をしてみてどうでしたか？

「OK」な自分はいくつぐらいありましたか？　自分のいいところを探すのって結構難しいですよね。逆に「NO」の自分はいくつありましたか？　人によっては「NO」の数の方が多いかもしれません。

でも人には必ず100個以上の「OK」な点があると私は思っています。そして、その100個が全部見えている人などどこにもいないのです。

だから、「OK」の数、つまり「OK」と思える自分が今は少なくても気にしないでください。本書のワークをやりながら、この本を読み終えたときに「OK」の数が増えていればいいのです。

もちろん「OK」の数が少ないからといって、これまでの自分を否定したりしてはいけません。

これまでの貴方はそれでよかったのだし、今の貴方も今の貴方でいいのです。なぜなら、いくら過去や現在を否定しても、明るい未来はやってこないからです。

まずは、過去と現在の自分に「OK」を出しましょう。

これからキャリアチェンジをして、より満足のいく未来、すなわち「美キャリア」を手に入れるためには、過去や現在の自分を肯定すること。そこからスタートすることが大事です。

無理に「自分が変わらなくては」とか「新しいことを何か始めなくては」と思うことはありません。

私がこれまでキャリアカウンセリングをさせていただいたたくさんの人のなかにも、何かトレーニングをしたり、資格を取っただけでハッピーになれた人など誰もいません。人がハッピーになるためには、試験や資格をどう活かすかを具体的に考え、行動することが重要になります。

さらに、それよりも大切なことは、自分に対する自分の見方を変えることや、自分の中に眠っている何かを見つけること。そちらのほうが大切です。本当は「嫌だ」なんて思っていないのに、何か過去の経験が原因で、蓋をしてしまっている未知の自分。それをたくさん掘り起こしてあげましょう。

また、恋愛と結婚について考えておくこともとても大事です。

今までの自分の過去を振り返ってみたとき、一番自分が「輝いていた」「美しかった」と思えるのはどんなときでしたか？　きっと恋愛していた時もその中に入ってくると思うのです。好きな人ができたり、その人とうまくいったり……。
でも、何かトラブルや障害がおこって、それを二人が何とか乗り越えて、それで貴方がまた輝くという……。女性のキャリアを考えたときに恋愛、そして結婚は、重要なウエイトを占めるところです。

また、無理に自分が変わらなくちゃ、と思っていてもハッピーはやってきません。逆に「○○しなくちゃ」という強迫観念にかられ自分をしばりつけてしまうことになりがちです。それよりも、貴方の中に眠っている新たな側面を自分でみつけること。それを一つひとつ、丁寧にひろっていけば、きっと「OK」な自分だって、軽く100を超えてしまうはずなのです。

私がよく使う言葉に「ひとつの扉が閉まれば100の扉が開く」というものがあります。つまり、ひとつの「NO」の扉が閉まればがっかりしますが、少し離れてみると、別のチャンスがある100の扉が見えてきます。新たに100の新しい扉、「OK」の扉が開くということです。

勇気を持って「NO」の扉をひとつ閉めてみましょう。

サプリ 3

「NO」の自分を知るといっても、あまりに「NO」の自分にばかり目を向けてしまうのも考えもの。「NO」に目を向けることも大事ですが、あくまでも「YES」の自分が、貴方が生きるための原動力になるということを忘れないでください。「NO」自分は、悪いのではなく、自分を守るための自分でもあるので、いざという時には、上手に使ってあげてください。

人間関係を見直し、周りの人たちと良い関係を！

普段の貴方はどういう人と接しながら暮らしていますか？　家族と一緒？　それとも友達やパートナーと一緒？　会社に行けば同僚や取引相手といった仕事仲間がいるでしょうし、休日は恋人や友人と過ごすこともあるでしょう。
このように日々私たちは自分以外の人間に囲まれて生活しています。

人は人と関わらずに生きていくことはできません。
さらに最近は、ツイッターやインスタグラムといったＳＮＳの存在も、その人の人間関係に少なからず影響を与えています。

自分を取り囲む人間関係がすべて良質なもので、貴方に良い影響ばかりを与えているのなら最高でしょうが、そんな良いことばかりということは、まずありえません。
貴方を取り囲む人間関係の中には、貴方をイライラさせるものや、こちらが悪くないのに不快を感じさせるものなど、マイナスの人間関係もたくさん含まれています。それは時として、これまで良好だった人間関係の中にも突如として起こるので、それがまた厄介だったりします。

人は一般的に、生きている時間が長ければ長いほど人に出会う数が多くなるため、「知人」は必然的に増えていきます。ですが、本当に自分にとって大事な「友人」はどのくらいいるでしょうか？　友人とは数ではなく、その「関係性」と「質」こそが重要だと、私は思っています。

今一度、自分の人間関係を見直してみることをおすすめします。本当はさほど気が合わないのに無理して付き合っている人や、会ったあとはいつもなぜか楽しい気持ちにならないのに、ずるずる付き合っている友人・知人はいませんか？

そういう人間関係は貴方の人生にどのような影響があるのでしょうか？

今ある何かを失ってしまう不安よりも、手を離して新しい何かを得られることにワクワクしましょう。ワクワクする人間関係も貴方を美しくさせることの1つなのですから。

美しいルール、マナー、エチケットを自分で作る楽しさ

こういったテーマについては、今更？　社会人1年生でもあるまいし？　と思うかもしれません。

ですが、自分の言動に「美しさ」を意識したときに、こういった「立ち居振る舞い」に関すること抜きに語ることはできません。さらに、今までのルール、マナー、エチケット

は社会の中で得たこと。こちらの見直しも重要ですが、新しいルールなどを自分が作ってみてもいいのではないでしょうか？

これからの人生で自分と他者、社会と関係を築いていくためには、自分が作るルール、マナー、エチケットも必要になってきます。

改めて、今まで言われている事のルールとは、時間は守る、約束を守るなど、人間と人間の間で守らなければいけない「規範」を指します。

マナーとは、電車の中で化粧をしない、路上で人にぶつかったら「失礼」「ごめんなさい」とすぐに言える、また列に割り込みをしないなどといった「礼儀」のこと。

エチケットは、人によって譲れるところが違ってくるかもしれません。これは生理的なマナーとでもいえるものでしょうか。食べ方や歩き方、においに対する気配りとか……。身だしなみに関係してくることが多いかもしれませんね。つまり、他者への「配慮」です。

以前、こんなことがありました。デパートのトイレで並んでいたら、私のだいぶ前に白い杖を持った視覚障がいだと思われる女性が並んでいました。そして彼女の番がきました。そのときに、彼女のすぐ後ろに並んでいた女性がすっと歩み出て、その女性を空いたトイレのブースまで連れていったのです。その時、その女性トイレ全体には、安堵と優しい気持ちが漂ったのは言うまでもありません。

恐らく、そのトイレにいた誰もが彼女に手を貸したいと思っていたはずです。でも、その中でさっとスマートに手を差し出した彼女は、なんて素敵だったでしょうか。

電車の中で席を譲るとか、前を歩いている人のリュックの口が開いているのを教えてあげるとか、そういう「いいこと」をすることは思った以上に勇気がいることです。そして、それをすっとできるかどうかは、そういうことに慣れているかどうか。そしてそれがきちんと照れずにできる人はとても美しく見えます。

また、自分の時間を守りたいというのも、マイルールなのかもしれません。友人との語らいで、ここで席を立つのは雰囲気を壊しそう。申し訳ない。と思う反面、今日は、もう十分。これからの時間、一人で本を読みたいな。と思ったら、一度「私は、今夜これからやりたいことがあるので、失礼しちゃいます。楽しかった！　ありがとう。」と言ってみてはどうでしょうか？　これが「Ｌｅｓｓｏｎ」です。思っていた以上にスムーズかもしれないし、やっぱり居心地が悪かったというのならば、今度はまた違った方向から自分のルールを考えてみればいいと思います。

きっと、「やりたいけど、できない」ということは、自分の中でルールが確立されていないからなのかもしれません。自信がないのではなく、「明確にできていない」のです。自分でやるべきだと思っていること。やってはいけないと考えたこと。不愉快なことなどを「マイルール」「マイマナー」「マイエチケット」として作ってみませんか？

いつでも自分がスマートで快適に過ごせるために、ルールやマナー、エチケットに意識していくことは、「美キャリア」を作ることでもあります。

「固定概念」を捨てて、新しい私に

どうしても人は、人のものが気になるもの。とかく人は「人が持っているから」「みんながやっているから」ということに目が行きがちです。

おそらくこの固定概念は、あらゆるところで貴方の人生にも影響を与えているはずです。「女の人は若い方がいい」とか「女性は30代のうちに結婚しなくちゃ」といった失礼な考えもそうです。

確かにこのような悲しい固定概念を個人から取り払うには大変な勇気がいります。なぜならこういった固定観念は生まれた時から、私たちの社会には存在していて、心身にしみついているからです。

もちろん私はそういった固定概念をすべて取り払いなさい、と言っているわけではありません。

でも、その固定概念の中に貴方を苦しめているものがあるのなら、それは取り払ってしまって、もっと楽に、もっと自由になってしまった方がいいと思うのです。そして「私は私」という自信を持ちましょう。どうして自信がないのでしょうか？　本当の自分と向かい合っていないからではありませんか？　いくつになったら何をしなくてはならないとか、女性はこういうものだとか、そういうものさしから解放して、「自分」が考える「自分」と向き合ってみましょう。

貴方という存在は、この世にたったひとりしかいないのだから、もっと「自分の人生は一度きり」という意識を持ってみましょう。

そうすれば、
貴方が本当にしたいことは何？
貴方が本当に欲しいものは何？
といったことが見えてきて、より「なりたい自分」に近づくことができるはずです。

プラスの感情が、より「OK」な私に

今まで、「NO」な自分を手放し、「OK」な自分を増やしていけば、「なりたい自分」に近付いていけると述べてきました。

さらに「OK」な自分になるために心がけて欲しいことがいくつかあります。

それはまず、他人と自分を比べないこと。人は一人ひとり違って当然なのです。だから、あの人と私が違うのは当たり前。自分になくて相手にあるものをうらやんだりしても、それは自分のものではありません。そんな行為こそ「NO」な自分を増やすだけだと思いませんか？

そんな他人と比べる自分とはさよならしましょう。

次に「素直な気持ち」を持つことも、とても大事です。

何か新しいことを知った、欲しいものを手に入れた、自分が好ましいと思う人と仲良くなれた、友人と楽しい時間が過ごせた……。これらはすべて貴方にプラスの感情をもたらすものです。その「うれしい」「楽しい」「明るい気持ちになる」といった状態を素直に受けとめましょう。

そして、そのようなプラスの感情は、時々思い出しては繰り返し感じること、つまり反鬱することをおすすめします。そうしていくことで、プラスの感情が蓄積され、日常生活の中でマイナスの感情が入ってきても、それをすぐに払しょくしやすくなるからです。

他人のことが気になっている時は自分を大切にできていない時でもあります。まずは自分を大切に扱うことを心がけてみましょう。そして心の中の自分に優しく聞いてみてください。「本当はどうしたいの？」「何をイライラしているの？」と。自分への問いかけはぜひ、ゆっくり優しく行ってください。心の中の貴方はもしかしたら外へ向かっている貴方に疲れたり遠慮があるのかもしれません。

サプリ 4

とはいえ、どうしても他人のことが気になる場合もあるでしょう。でもそれはあくまでも他人の「もの」や「こと」であって、貴方自身の問題ではないのです。そういうときは自分自身に「自分は自分の人生を生きていないぞ」と教えてあげてください。他人と自分を比べてもいいことは何もありません。そしてどうして自分がその人のことが気になるのか、それをよく考えてみるようにしましょう。

ジョハリの窓を覚えておこう

ジョハリの窓を知っていますか？

これは心理学やカウンセリングを勉強すると出てくる考え方で、１９６０年代にアメリカの心理学者２人によって考えられたものです。これを知っておくと、他人にどう見られるか？　と、そのためにどう自分をオープンマインドな状態にもっていくことが大事かということを理解しやすくなります。

下の図を見てください。この図が「ジョハリの窓」とよばれるもので、４つの窓は右上から「他人に分かっていて自分に分かっていない自分（＝盲点の窓）」、右下が「他人にも自分にも分かっていない自分（＝未知の窓）」、左上が「他人に分

	自分が知っている自分	自分が知らない自分
他人が知っている自分	開放の窓	盲点の窓
他人が知らない自分	秘密の窓	未知の窓

かっていて自分にも分かっている自分（＝開放の窓）」、左下が「他人に分かっていなくて自分に分かっている自分（＝秘密の窓）」を示しています。

人とコミュニケーションが取りやすいオープンマインドな状態になるためには、できるだけ左側の開放の窓の面積を増やすことが大事です。そしてできるだけ右下の面積を小さくしていくこと、つまり自分も他人も気が付いていない自分の未知の部分を減らしていくことが重要になります。

窓から入る新しい景色〜オープンマインドについて

実は、オープンマインドをすすめると、「怖い」と言う意見が多いのです。

そんなに自分をさらけ出せない、さらけ出したくない。何のメリットがあるのですか？と反対意見を言う人もいます。

そういう時は、視点を変えて、もし自分と向き合っている人が「自分を隠している場合の方が怖くない？」と私は考えてもらうようにしています。

本気で向かって来ない人、本音じゃないような事を言う人と付き合うと「本音は？」「本当は？」「それぱうわべだけの意見では？」という気持ちが出ませんか？

そんな本心の見えない、本心を隠している人と本当の意味での「信頼関係」が作れるでしょうか？

いろいろな社会で繋がるということは、仲間に入れるという事であり、今後の信頼関係が結べるだろうという事ですよね？

オープンマインドが「怖い」「自分を見透かされる」「否定される」という逃げの姿勢では、関係性を深めることも、広げることもできません。

オープンマインドとは、「隠さない」ではなく「あるがまま」「誠実で正直なスタンス」でいるということではないでしょうか？　その正直な姿勢に「怒る」とか「否定」は、生まれないと思います。

素直に伝えることは勇気がいることかもしれませんが、その勇気こそが素直な自分であったら、その素直な自分を大切にしてみませんか？

以下は、ある一人の女性のオープンマインドストーリーです。

——私は、一度結婚しその結婚が彼の心変わりで終わったとき、彼を責め、男性不信と言い回り、自分を正当化して守りました。しかし、素直にそして客観的にあの頃を思い出してみると、彼の心変わりは、私が彼以上に仕事に夢中になった結婚生活に大きな問題があったことが改めて分かったのです。

2人の時間よりも私は正直仕事が面白かった。彼との休日は、外出よりも寝ていたかった。そんな私に彼は心が離れたのであり、新しい彼女との問題は、私には関係がないのです。私は、結婚生活の軸は、彼との関係を構築していくことよりも仕事だと思っていたのです。が、結婚生活の破綻が見えてきた時に、彼の問題にして自分を正当化したかったのです。でも、彼のせいではない、私のせいでもない、と思ったら、2人の未来が別であることがすごく当たり前であり、良い結論だと思えるようになりました。

ですから、今の私は全く男性に不信感を持っていません。その代わり、私に家庭生活での負担を強いる人とは生活が難しいと思います——

この女性は、現在、事実婚として新しいパートナーと生活を共にしています。

彼女がいつまでも「離婚は、前夫の浮気が原因」という考えでいたら、新しい出会いがあっても関係性の進展は難しかったのではないでしょうか？

- Lesson -

2

美キャリアが私を育てる!!

変化におびえないで！　変化があるから成長できる

今の貴方は、今の自分の状態についてどう思っているでしょうか？

まあまあ安定はしているけれどどこか満足できていない、何だかいま一歩、もうちょっと幸せになりたい！　と思っていますか？　それとも、何ひとつ満足しない！　こんなのイヤ！　と思っているでしょうか？

仕事もこなせるようになってきているし、とりあえず食べていける分を稼ぐことはできているけれど、別に今の仕事や会社をずっと続ける、とまでは思えない。

私生活では、彼はいるけどお互いに「そのうち結婚しよう」という話になっているわけでもなく、今後の2人の関係はどうなるのだろうかと、何となく不安を覚えている（貴方が結婚したい場合の話ですが）、などなど……。

または、私の彼はどこにいるの!?　と探している人もいるかもしれません。

どんな状況であっても、100%今の状況に満足しているわけでもない。何となく「もやっ」としたものを抱えながら毎日を過ごしている人は多いのではないでしょうか?

これは言い換えると「現在」を変えることに何となく躊躇しているのだけど、どうすればいいの!? という状態だとも言えますよね。

現状に100%満足しているわけではないけれど、自分自身や自分の環境を大きく変えるのに、ためらいがあるということ。つまり、「変化」を恐れているともいえます。

Lesson 1でお話しましたが、貴方には100の自分があるのです。今の貴方が、1番から45番くらいまでの扉で生活していて「もやっ」としているのであれば、もしかしたらこの先の60番~70番の扉をあけることで、もっと満足できる毎日が待っているのかもしれません。

そして忘れてはいけないのは、今貴方が持っている仕事や人間関係、生活そのもの、これらは永遠ではないということです。

今の状態に100％満足している！　というなら話は別ですが（そう思っているような人はこの本を手に取ることもないと思いますが……）そうでなければ、変化を恐れず、新しい扉を開けてみてください。

ワーク5

自分の興味、関心、見えているモノを100個書き出してみましょう

↓158ページ

100個の扉がある、新しい扉を開けてください、と言われてもなかなかピンとこないかもしれません。

そういう人は、自分が思いつく興味、関心、見えている人、モノを100個の単語で書き出してみましょう。「ワインが好き」「文房具」「旅行」「タップダンス」「村上春樹」などなど……。何でもいいのです。自分を表現する100個の単語を挙げてみることで、より自分が見えやすくなるはずです。

そして、興味があるけど、まだその扉を開いていないものの扉をそっと開いてみませんか？　何か新しいもの、自分の想像と違ったものがあるかもしれません。

実は思い込みが現実の中にある「宝物」を隠している大きな要因だったりするのです。例えば「アジアの●●●という国」は、まだ新興国である＝実は凄い勢いで活気あふれる経済、生活があり、親日の国で、日本の女性が活躍している。欧米ばかりに目を向けていたけれど、新しい視点で海外という枠を見ると、ワクワクするものが沢山あった。という事もあるものです。

サプリ 5

人生で自分も相手もある程度理解しあえる人に出会える人数は、１０００〜１５００人くらいと言われています。小中高で1クラス40人とすると、６・３・３の12年で40人×12年で４８０人。その後、大学、社会人、近隣の人、さらに親戚などを含めても一生で５０００〜１０００人なのだそうです。この人数の中でどれだけ自分の世界を広げられるかを考える（出会える人数を１０００〜１５００人以上にすることも含めて）と、他人に自分（の情報）をいかに具体的に理解してもらえるかがポイントになりますね。

「恋愛・結婚」と「キャリア」、どうする？

女性にとって恋愛や結婚は人生の中で大きなウエイトを占める事柄です（もちろん男性にもですが）。特に結婚（そして出産）はその人のキャリアにも大きく影響を及ぼすので、女性のキャリアを考えるうえで、恋愛や結婚、そして出産についてあわせて考えることは避けて通れません。

また女性がキラキラと「美しい」状態なのも、しばしば恋愛や結婚で輝いている時だったりしますよね。もちろん、その時だけではないのですが、学生や働く女性たちと接していて感じるのは、やはり恋愛がうまくいっているときに、彼女たちは本当にまぶしいくらい美しいということです。

よく「彼氏ができない」という人がいますが、まずはそういう人たちには、どんな男性が好みか？　ということよりも「彼ができたら何をしたい？」ということを考えてみて欲しいのです。

彼と一緒にどこにいく？　彼と何をする？　そしてどんな話をしたい？　映画に行くとしたら、どんなジャンルの映画を観に行く？　それは昼なのか夜なのか？　映画館で何か食べたりする？　そういう細かいことまで考えてみて欲しいのです。

自分が彼とどんなことをしたいかを考えることは、自分自身の欲しいものを考えることにつながります。そして恋人の姿がより具現化するステップでもあります。

つまり、それは自分自身を知ることでもあるのです。自分は彼に何をして欲しいのか？　また、逆に自分は相手に何をしてあげたいのか……。そうやって自分が欲しいものをきちんと見極めない限り、自分の探している人と出会えることはないでしょう。

また、自分に自信を持つことも大事なこと。自信過剰は困りものですが、ある程度「自分は自分。自分の魅力や美しさを分かってもらえる人は分かってくれる」といった思い切りがあった方が、相手にも魅力的に映るものです。別に合コンに行って参加した男性全員に言い寄られたいわけではないですよね？　貴方自身の魅力をきちんと理解してくれるたった一人に出会えればいいわけなのですから、自分の魅力を知って、そこに自信を持つようにしましょう。

次に結婚ですが、結婚を考えるときにも、自分がどんな家庭を作りたいか、より具体的なイメージを持つことです。そして相手とどんな家庭を築きたいか、お互いにきっちり話し合っておかないと、いつか段々とほころびがでてきます。

結婚とは相手と新しい家庭を作ることです。

家庭とは、結婚前の人たちにとっては、その人が育ってきた環境をさします。

当たり前ですが、相手の家庭は知らないのです。お互いに知らないものをある意味、押し付け合う事があるのも結婚の一面なのです。

また、女性は結婚や出産で働き方が変わっていきます。恋愛はその人との関係だけの問題に終始しますが、結婚となるとお互いの家同士の問題、お金などを含めた「生活」そのものが関係してきます。

さらに、そこには自分のキャリアについても絡んできます。

まず、自分は恋愛をしたいのか？　それとも結婚がしたいのか？　恋愛から結婚へとつながる時のギャップを見極めることが大事です。とにかく結婚がしたいのであれば、婚活、一歩踏み出して有料の相談も具体的行動の一つと思います。ただし、結婚は長い人生の新しいスタートだということも、しっかりと考えておいてください。

チャンスを逃さないようにいつも心を開いて準備を!

人生には何度かその人の人生を大きく変えるようなチャンスが誰にも訪れるものです。キャリアチェンジするチャンス、結婚をするチャンス、などなど……。

よく「幸福の神様には前髪しかないから、見つけたらためらうことなく前髪をつかめ!」と言われますが、まさにその通り。

人生における重要なチャンスはほんの一瞬、貴方の目前に現れて一瞬で消えていきます。「あれ? 今のもしかして……」などと後ろ髪を探している暇はないのです。そして、そのチャンスをつかめたかどうかで、その人のその後の人生は大きく変わっていきます。

チャンスをつかみ取るためには、いつも自分がチャンスに気付ける状態、チャンスをつかめる状態にしておくことが大事です。チャンスなんてそうそうないよ、と否定的でいることが、実はチャンスを逃してしまうと思いませんか？　チャンスはいつでも私のためにやってくる。だからその時のために準備ができていないと、チャンスが自分に訪れてもそれに気が付かなかったり、うまくそのチャンスをつかむことができなかったりするのです。

ではチャンスを常につかめる状態にしておくためには、どうしたらいいでしょうか？

それは、前章でもお話した通り、いつでも自分をオープンな状態にしておくこと。

さらに、自分の欲しいものは何なのか？　今の自分に必要なものは何なのか？　きちんと自分の現在の状態や内面をしっかり整理して具体的に伝えられる、飛び込む意志を持っておくことが大事なのです。

いつでも将来の成功の具体的なイメージをしっかり感じ取っておきましょう。フワフワしていればいるほど、「そのチャンス」が「自分のチャンスだと気が付かない」のです。

ある女性が、マンションを購入しました。独身女性がマンションを買うと結婚が遠のくというジンクスがありますが、その女性のマンション購入の目的は投資でした。投資用のマンションを持っておくことで、会社にいることの不安を跳ね飛ばすのが目的です。

彼女は自分がマンションを購入する際に、世の多くの独身女性がマンションを買うことを、いかにためらっているかを知り、勤めていた会社を辞めて、マンション販売専門の会社に転職しました。

いつでも会社を辞められるよう、経済基盤のためにマンションを購入したわけですが、今まで縁のなかった不動産業界で、女性マーケットについて潜在的なニーズがあるという「チャンス」に気が付き、自分の価値を高めることができたのです。

チャンスとは、実は「知らない事」を知ることでも生まれるものなのです。

この本でも、これまでの自分を振り返ったり、これからの自分がどうなりたいのか？を知るためのワークを用意しています。ぜひ自分の内面を見つめ、チャンスがきたときに、常にそれをぱっとつかめる状態にしておきましょう。

3つの壁がチャンスを逃がしてしまう

自分が望んだような状態にキャリアチェンジするためには、チャンスをいつでもつかめる状態にしておくことが大事と、先にもお話ししましたが、それを阻むものに、私が「過剰な3K」と呼んでいるものがあります。

それは、

●過剰な自意識
●過剰な反応
●過剰な防衛

という3つの過剰です。

例えば、月曜日に会社で、男性の上司から「休日は何してたの？」と聞かれて「どうしてそんなこと聞くんですか？」とイラッとしてしまうのは、「過剰な自意識」から「過剰な反応」が起こってしまい、「過剰に防衛」を行おうとするから、そういう受け答えになってしまうのです。

「ま、いろいろと（ニコッ）」とか適当に流してしまえばそれで終わるのに、なかなかそれができない人が多いのです。生理的に受け付けない人にそういうことを言われたり、今までにそういう会話で嫌なことがあったら、誰でもそのような反応をしてしまいますよね。

ワーク6　自分の中の「過剰な3K」を書き出してみましょう↓159ページ

この過剰な3Kは過去の自分の苦しい経験から触れられて欲しくないところ、今の自分が苦手だと思うところに触れられたときにおこります。もちろん、人にはさまざまな触れられて欲しくない点があります。

まずは自分にどんな触れられて欲しくない点があるのかを知っておきましょう。それはその人が抱いているコンプレックスを隠すものだったり、人に知られたくないことから自分を守るためだったりします。

でも自分がどういう弱点を持っているか知っていれば、この「過剰な3K」を極力防ぐことができるのです。「過剰な3K」は、その人自身が持つ素直さや、優しさ、良い面を画してしまうもったいない言動です。

自分の軸をぶらさずに、柔軟に生きよう!

日本人は、とかく他人の意見に左右されがち。

本当はAがいいと思っていても、周囲が「Bがいい」と言い出したら「じゃあ私もBで」となってしまいがちです。「和をもって尊し」ではないですが、日本人は自主性よりも協調性を優先する文化的土壌があります。

しかし、やはり貴方の人生は貴方だけのもの。

今日のランチで、同僚がみなBにしたから、「私もBで」ぐらいの自主性のない行動はいいですが、自分のキャリアでそれをするのはやめにしませんか？

自分のキャリアは、自分の判断基準を持っていないと、結局は自分の人生が流されたままで終わってしまいます。

納得のいくキャリアのためにも、少し自分を強くしたいものですね。では、まずは貴方の中で、人に何を言われてもこれだけは大事、これだけは譲れない、という軸を持ちましょう。それは何ですか？　仕事？　会社？　恋人？　趣味？　絶対30歳までに結婚するという夢？

ワーク7

他人に何を言われても、これだけは譲れないという貴方の「軸」を、具体的に書き出してみましょう↓160ページ

私が尊敬するスタンフォード大学の心理学者J・D・クランボルツ博士が提唱する理論に「計画性偶発理論」というものがあります。これは、「人のキャリアの8割は偶然によって形成される」というものですが、その理論の中でも、私がなるほどと思ったのが、「世の中はこんなに変化しているのだから、状況に応じて自分の判断も変えていいんだよ」という説です。

それからもうひとつクランボルツ博士の理論に、「自分の考えや、意見、方向性に対して反対や否定、悲観の意見があっても、ひとりでも肯定意見の人がいたらそっちに行きない」というものがあるのですが、それも「なるほど」と思って、私自身も実践しています。別の見方をすれば、世の中の人にチャンスはほとんど見えていないので、ほとんどの人がだめと言っているものの中にこそチャンスがあるということです。

この理論でいくと、一度決めたことでも柔軟に変えていいのです。キャリアについても、ちょっと前までは5年後、10年後の先について考えてみたりしましたが、今は3年後くらいまでを見据えていればいいのではないか、と私は考えています。

人生は何が起こるかわからないもの。特に現代のように情報も伝達技術も、ものすごいスピードで進んでいく時代は、ほんとうに明日何が起こるか全く予測不可能です。

だからこそ、つねに自分の状態をオープンにしておくことが大事です。自分の軸はぶれずに、世の中のことに対して柔軟に対応していける。チャンスをつかむためにはそんな姿勢をいつも忘れずにいたいものです。

仕事も私生活も、優先順位を

私たちは毎日食事をして、歯を磨いて、着がえてメイクをして、通勤をしてと、とにかくたくさんの「しなくてはならないこと」をこなしながら生きています。もちろんそれらのことは、人が生きて行くために必要なことなのですが、生きていくために

●やらなければならないこと

●人生でやりたいこと
の2つは違います。

「人生でやりたい」ことのために「やらなければならないこと」をしているのです。フラワーショップを開きたい。これが「人生でやりたいこと」なら、そのための資金をためるために働いたり、植物の知識を深めたり、経営のことを学んだりすることは、どれも「やらなければならないこと」になります。

ワーク8 **「人生でやりたいこと」を全部書き出してみましょう**↓161ページ

貴方が「人生でやりたいこと」を全部書き出してみてください。いくつでもかまいません。今やりたいことはもちろんのこと、死ぬまでにやりことを思いつくままに全部書き出してみてください。

ワーク9 **「人生でやりたいこと」を分類してみましょう**↓162ページ

ではこれらの「人生でやりたいこと」を、仕事でやりたいこと、と私生活でやりたいことに分けてみてください。

ワーク10 「人生でやりたいこと」に優先順位をつけてみましょう→163ページ

次にさらにワーク9で2つに分類した「人生でやりたいこと」に、それぞれで優先順位をつけてみてください。

どうでしたか？　どちらが多かったとか、どの分野に自分が興味があるんだとか、そういったことが分かったかと思います。そしてその中でも優先順位をつけることで、自分が強くやりたいと思っていることと、そうではないことの違いも見えてきたと思います。

「やりたいこと」＝人生の目的

先のワークで、リストアップし優先順位をつけた、仕事でやりたいことも、私生活でやりたいこともすべて含めて、「人生でやりたいこと」こそが、現在の貴方の人生の「目的」といえます。

そのために努力をすること、それが今の貴方が生きている理由といってもいいでしょう。そしてどう努力をしていくか、その努力のための方法や手段が「目標」です。人はともすると、目標ばかりを追い続ける人生になりがちです。しかし、自分がどう生きたいか？　そのための「目的」を持つようにしたいものです。

先のワークで「人生のやりたいこと」がひとつもみつからなかった人はいますか？

そういう人はもう一度よくよく自分自身を振り返ってみてください。小さいころから好きだったこと、今興味があること、など、何かやってみたいことが必ずあるはずです。

そして、この「人生でやりたいこと」＝人生の目的は、その人の置かれる状況が変わるとともに変化していきます。数が増えたり減ったりすることもあると思います。

人生には必ず何か大きなことを成し遂げたり、大きなことが起こったりすることがあります。それは仕事が変わったり、結婚や出産をしたりする時です。

そこで貴方の人生は劇的に変化をすることでしょう。

そういうときは大きなキャリアチェンジのときでもあります。

その際には、ぜひまたこういう「人生でやりたいこと」のリストアップをして見直しをしてみてください。そうすることで、自分の将来を見直すことになります。

サプリ 6

よく目標と目的の違いを間違えている人がいますが、「目的」は大きなもの、「目標」はそのための手段となる指標をさします。例えば富士山に登るときに何のために登りますか？　山頂からの景色を見るため、日本一の山に登ってみたいから、などなど人によってさまざまな理由があると思いますが、これが「目的」です。そして富士山に登るのはそのための「目標」というわけです。

意思と自覚。声に出してみると理想の実現が早まる

人は常に「○○したい」と頭で考えるから行動することができるのです。そしてこの「○○したい」という気持ちを「意志」と呼んでいます。でも普段から「今自分は『○○したい』と思っているから○○しているんだ」と考えている人はいませんよね？

ただせっかく ワーク8 ～ ワーク10 で、自分のやりたいことをリストアップしたのですから、これからはできるだけ「自分は〇〇したいからしているんだ」ということを意識して行動していきましょう。つまり「フラワーショップを開きたい」と思って花のことを勉強しているときには「自分はフラワーショップを開きたいから、今そのための勉強をしているんだ」と強く意識するということです。

さらに大事なことは、できるだけそれを声に出して言うことです。できたら家族や友人などに宣言してもいいでしょう。そしてさらにできたら、宣言した相手から定期的にフィードバックをもらうようにするのです。そうすることでより自分を客観的に見ることができて、理想の実現に早く近づけることができるでしょう。

こんなことがありました。

2年前、私のセミナーで「中小企業診断士の資格を取得する」と宣言した30歳の女性がいました。難しい資格ですが、彼女は現状（男性優位の会社）で頭をひとつ出すために自分に足りないことを書き出したら「自信」だったのです。

そこで、彼女は自分に「自信」を持ち、周囲から「信頼」されるために、少々高い目標を声に出しました。声に出したら、周囲が彼女への接し方、見方を変えてきたことに一番彼女自身が驚きました。言われたことをきちんとやる女性から、プロ意識を持った意欲のある「人」に変わったのです。人は変えられないけれど、自分が変わることで他人の自分への見方は変わるということです。

サプリ 7

人に宣言することも大事ですが、「それはちょっと……」という人におすすめなのが、「文字」に落とし込んでみること。頭の中で考えていることを視覚化することで、「夢」が「実現する」ことの手助けとなります。

いつも笑顔でハッピー体質に

いつもにこにこしている人って、それだけで何だか幸せそうで、同時に何だか周囲の人も幸せにしていますよね？

「笑う門には福来る」と、つらくてもニコッと笑って頑張れる人、そういう人のところに幸福はやってきます。そしてその幸福が周囲の人にも伝わっていくので、周囲の人も幸せになれるのです。そしてそういう人は、美しいのです。

逆に「どうせ」とか「だって」ばかりが口癖で、溜息ばかりついているような人のところから幸福は逃げてしまうようです。マイナス思考の人は一緒にいても楽しくないので、周囲の人も離れていってしまうのです。

でも、人はつらいとついそういう言葉を口に出してしまいがちです。つらいときは、出してもいいのです。そして、出してしまったら、そのあとに「でももうひとふんばり！」という一言を忘れないようにしましょう。ピンチのときこそ、どれだけマイナスをプラスに考えることができるかが大事なのです。

でも、どうしても笑っていられない状況や気分の時もありますよね。そんな時こそ「夢」

の力を借りてください。
「夢」をみることで、笑えない現実の自分の状況を少し違うところへ連れていってあげるのです。子供のころ、お姫様やセーラームーンになって自分を解放していませんでしたか？　あの「夢ごっこ」をして気分を楽にすると、落ち込んでいた自分や自分の状況がバカバカしく思えたり、「次に行こう」という気持ちになれるはずです。

また、私が「ポジティブ変換機能」と呼んでいる考え方を試してみるのもおすすめです。「苦しい＝次にはきっと楽しいことがおこる」「疲れた＝よく頑張った！」「好きになれない＝好みが違うだけ」など、マイナスな言葉が頭の中に浮かんだら、ぜひそれを前向きな言葉に言い換えてみてください。きっと貴方の表情そのものも明るく前向きになっているはずです。

サプリ
8

空想で遊ぶことは、自分を解放することにもつながるので、思考の幅を広げることにもなるのです。

– Lesson –

3

感情を育てることで、広がる私の可能性

オープンマインドで人と接しよう

初対面の人と話すのは誰でも緊張します。

人の印象は初対面で決まる、とよく言われますよね。誰もが自分がこう見られたい、というイメージを持っています。そして初対面の人に良い印象を持たれたい、と思うのは当然のことです。

私は初対面の人に接するときにはオープンマインドを心がけています。前章でも述べたように、オープンマインドとは、「心が開いた状態」。

初対面の人に対してなら「私は貴方を受け入れますよ」という状態です。

特に初対面の人に対しては、極力先入観を持たないで接すること。そうすればその貴方の開いた心の状態は相手にも伝わり、お互いに円滑なコミュニケーションが可能になるのです。

特に目立っている人には、周囲の人がいいことや悪いことを含め、いろいろなことを言うものです。私たちが気をつけたいのは、それを鵜呑みにしないこと。その評判や噂は誰かの主観であって、貴方の印象や感想ではありません。

たとえ人が悪く言っていたとしても、貴方がどう思うかは貴方次第なのです。周囲の評判に振り回されず、自分の目で見て聞いて感じて判断をしましょう。

それこそが自分だけの幸せを手に入れるための近道にもなるのです。

また、逆に貴方が誰かに言われたことは、その人の主観であり、絶対のものではありません。誰かに言われたことが絶対だと思うから傷ついたり、気になったりするのです。

「人にどう思われてもいい。私はこうだから」と思える人は、他人の評価のないところで、相手とも付き合えるもの。

常に周囲に振り回されることなく、ゆるがない自分をしっかりと維持できるようにしたいものです。

「私は第一印象が悪いから」と相談してきた女性には、「オープンマインド」になることの重要さを伝えました。これは、具体的には「朝一番の鏡の中の自分の素敵な顔をイメージして人に会う！」というものです。

その彼女は私と話した後、常にそれを心がけてくれたらしく、「人間関係に幅が出てきました」と、しばらくして、とびっきりの笑顔とともに報告してきてくれました。

サプリ9

オープンマインドになる練習のひとつに自宅に人を招く、ということがあります。特にひとり暮らしの人の場合、招かれた人には、その人のすべてが見えてしまうといっても過言ではありません。となると招く側も人にどう見られたいか？　を考えますし、どこまでオープンにするかを考えます。それがオープンマインドになる練習になるというわけです。

断ることも上手な生き方

人は食べ物、スポーツ、本、インテリア、洋服、音楽など、ありとあらゆるものに好き嫌いがありますよね。

私生活では何ということもない好き嫌いでも、キャリアチェンジを考える際に大きな影響をおよぼすのが、人間関係における好き嫌いです。

好きな人ばかりに囲まれて、とはいかなくても良好な人間関係に囲まれた職場なら、ストレスなく日々の仕事に取りかかれるものです。

でも人事異動や何かのタイミングで、苦手な人や関係が気まずくなった人、もっと言えば嫌いな人と一緒に仕事をしなくてはならないことも、仕事上では多々起こることです。

では、そんな時どうすればいいでしょうか？

私のところに「どうしても苦手な上司がいて会社をやめようか迷っている」と相談に来た女性がいました。彼女はその会社にとても入りたくて、大変な努力をして入ったのです。

そこで私は、彼女にこう聞きました。「そんなたったひとりの人間が嫌だというだけで、今までのさまざまな努力まで捨ててもいいの？」と。

その人はまた異動してどこかに行ってしまうかもしれないし、自分が異動になるかもしれない。そして、彼女はよく考えて、「ひとりの人間のために、せっかく希望の会社で働けている自分の未来まで捨てるなんてもったいない。もうちょっとその人への見方を変えてみる」という結論に達しました。

仕事をしていくうえで、苦手な人間が出てくるのは当たり前のこと。ですから、そういう人間と仕事をしなければならなくなったときにどうするか？　その術を知っておくことが大事なのです。

なぜ苦手な関係が生まれるのかというと、そこにはコミュニケーションの不全が発生するからです。

それはお互いに誤解のあるまま相手を認識していたり、お互いに伝えたいことがうまく伝わっていないことなどが原因でおこります。基本的に１００％お互いを理解し合うことは不可能ですが、お互いに相手を理解しよう、と思う努力によってある程度コミュニケーションの不全というものは、改善されるものです。

特に仕事で多い人間関係の悩みは、上司との関係です。高圧的、支配的な上司がいると、どうしてもそれに抗うことができないので、ストレスがたまります。特に日本人は、「誘われるとNOと言えないタイプ」「自分さえガマンすればタイプ」が多いので、こういう上司に対してストレスを感じやすい傾向にあります。

例えば、その苦手な上司に飲みに誘われたときに、行きたくもないのに行ってしまうということがありませんか？　本当は行きたくないのに行ってしまうのは、飲みに行くことで相手に良く思われたいからです。でも行っても当然つまらない。それで「やっぱり行かなければよかった」と自己嫌悪に陥るし、誘った上司のこともますます嫌いになる。

行きたくもない飲みの誘いにのって、そんな風に良くないことばかり考えてしまうなら、誘われた時点で断ればいいのです。そして相手との人間関係は良い悪いではなくて、この人とはこういう関係なんだ、と割り切ることです。

ではどうやって断ればいいでしょうか？

上手な断り方を知っておくのも大事なことです。

貴方を誘った人は「自分が貴方を誘ったこと」にプライドを持っています。ですから、貴方はその人からの誘いそのものを断っているのではなく、誘ってくれている「日」が悪いんだということを相手に納得してもらうのです。つまり「貴方からの誘いが嫌なのではなく、『その日』の誘いにのるのが難しい」という断り方をするということです。

そして、そのときに忘れてはいけないのは「ごめんなさい」ではなく、「ありがとう」という言葉を添えることです。これはもちろん誘ってくれて「ありがとう」という意味の「ありがとう」です。


例えば、こう言ってみてください。

「お誘いありがとうございます。その日はすでに約束があり、それは私の都合で決めた日時なので、ずらすことができないのです。でもお誘いいただいて感謝しています」と。もちろん、その先約がどこで誰とのどんな約束なのかなどは伝える必要はありません。単に誘ってもらったことには感謝しているが、自分は行くことができない、ということを「ありがとう」とともに伝えるのです。これで相手も貴方自身も「仕方ない」と思うことができるはずです。

断ることも上手な生き方ために必要なスキルといえるでしょう。

人が周囲の人から良く思われたいのは誰もが同じことです。しかし、無理をしてまでいい子を演じることはないのです。苦手な相手に合わせる必要はありません。嫌なら嫌と言える勇気を持ちましょう。

そして相手と接するときは、自分もできるだけ心を開いた状態（＝オープンマインド）でいることを心がけましょう。「苦手だな」「嫌だな」とできるだけ思わないで接する努力をするのです。そうすればきっと相手も心を開いてくれるはずです。

CCACCを常に忘れずに！

この本を通して言えることですが、より良い自分のキャリア、すなわちより良い自分の未来を築いていくためには、CCACC、つまりダブルのCと1つのAを常に行うことを

おすすめします。このダブルのCと1つのAとは私の造語ですが、それぞれ

C＝キャリア（を自分で考えよう）

C＝チェック（をすると、結果はいつも同じではない）

A＝アクション（をおこすことは、成長と発見につながる）

C＝チェンジ（を恐れずに）

C＝チャンス（は、自分で作れるもの）

の略となっています。つまりキャリアをチェックしてアクションを起こすことで、自分をチェンジ。それがチャンスにつながるという意味です。

より良いキャリア形成のためにはこのどれが欠けても成りたちません。この本の中でも、いくつものワークを紹介していますが、それらはどれもＣＣＡＣＣの2つ目のＣ＝チェックのため。ぜひこのダブルのCと1つのAを常に念頭におきながら、この本を読み進めてみてください。

人との関係を丁寧につなごう

私もそうですが、忙しいとどうしても人間関係の優先順位がおかしくなったり、疎遠になってしまいがちです。

せっかく連絡をくださった人へお返事が遅くなったり、口約束ばかりで実現させることができなかったり……。

当たり前ですが、そういうことを繰り返していると、人というものは自分から離れていきます。それは相手の自分への信頼関係がなくなっていくからです。そして、一旦離れてしまった人間関係を修復するのはとても大変なこと。修復には、その人との関係を築くのにかかったのと同じ時間か、もしくはそれ以上の時間がかかると思っていたほうがよいでしょう。

また、人と人との間にはタイミングがあります。これは恋愛でもそうですが、タイミングが合わないと、うまくいくものもいかなかったりしますよね。

例えば、何回か顔を合わせていてもあまり親密にならなかった人が、何かのきっかけで仲良くなったり、疎遠になっていた昔の友人が何かのきっかけで仲良くなったり。逆にある期間はとても仲が良かったのに、疎遠になってしまったり……。

特に女性はその人の状況（結婚しているか、子供がいるか、働いているかなど）によって20代、30代、40代のライフスタイルはさまざまです。この期間は、ライフスタイルの違いにより疎遠になっていても、また50代になったら仲良くなった、というのもよく聞く話です。

ただ、貴方の今の人間関係は、今の貴方に必要な人間関係ということを忘れないでください。そして自分が大事にしたいと思っている人との関係は大事にすること。自分の人間関係を丁寧に扱うことは、相手を大切に思うことでもあります。

仕事と関係のない人間関係は、時に仕事で落ち込んでいる自分を励ましくれたり、元気付けたりしてくれます。

さらに、人との関係を丁寧につないでいく方法をもうひとつ。

誰かと会った翌日には、必ずその人に「サンクスメール」を短くてもいいから出すのです。これは相手との関係がどんなに親しくてもぜひやってみてください。だって恋人には、その日会っていても別れたあとにすぐにメールを送りたくなってしまうでしょう？

それと同じです。その気持ちは相手に伝わるとともに、自分にとっても相手との関係を確認する大事なメールとなります。

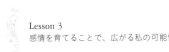

同性同士の難しさ

友達は同性……。確かにそうかもしれません。

男女間に友情は可能か、不可能か？　と永遠に言われている話と同じぐらい、実は同性の友情も難しいと感じている人は少なくないと思います。

30歳を過ぎた頃から、同じ女性でも、キャリアは多様になってきます。

共通の話題で盛り上がっていた10代、20代とは違って、それぞれの仕事・家庭を始め、価値観が変化してきているため、同じもの探しの会話が成立してきません。

このお互いに違っている、という事を「面白い」と思える余裕がお互いにあると、何の問題ないのですが、違っている事が苦痛になってくると、その相手との付き合い方に変化が出てきます。


私自身は、結婚、出産を20代で経験したために、20代で遊ぶという経験はありません。そして30代は、再就職と子育てで精いっぱいでした。ちなみに私の親友には、子どもがいない、未婚、海外在住、離婚経験者と本当に多様でした。そんな彼女たちと会うと、それぞれの近況に驚くばかりで、共通項を探す間もなく大抵は時間切れでした。

それでも、そんな親友たちと今現在、60歳近くになるまで関係が続いているのは、「人は人」とお互いが思っていたからだと思います。

つまり相手に興味がなかったのではなく、「共通項」「同じもの探し」をして安心を求めなかったからです。


もし、今貴方が「同じもの探し」を苦痛と思うなら、同じではない人と付き合うか、

「同じはつまらない」と意識を変えてから会ってみることをおすすめします。

仕事ができる女の前に現れる男の３K

前の章で述べたのは「過剰な３Ｋ」でしたが、こちらは男性の「３Ｋ」です。

女性が仕事に面白さを感じ、成果が表れる時にワラワラと現れるのが、男性の嫉妬です。なんだか鉄板のエピソードのようですが、この嫉妬の意味と美しい対処法も考えておきましょう。

女性、仕事の中での「女村」「女のチーム」は、ほぼ存在しません。残念ながら妊娠や出産で、継続的にキャリアを作る事ができない事や、未だに「付き合い文化」があるため女性は、男性の作った「男社会」では、「外様」です。

外様は、外様らしく「大人しく」していると男村の人たちは何も言ってきません。しかし、柔軟に大胆に仕事をし始めると、一気に攻勢が始まります。

それが男社会の女性への３Ｋ、脅威・恐怖・矯正です。

男性は、仕事ができるしなやかな女性が脅威であり、恐怖を感じます。ですから、「普通の女性」へ矯正しようとし始めるのです。

女性の昇格や面白そうなプロジェクトなどへの抜擢の噂がその社内などに流れたら、それまで仲が良くなかった男性諸氏は、突然徒党を組み、しなやかでできる女性への脅威から、見えない反撃の包囲網を作り始めます。

そんな時は、どうしたら美しいのでしょうか？　淡々と仕事をする。感情的な発言をしない。愚痴を言わない。不満を言わない。とにかく、同じ領域には降りない事です。

そして必ず、あなたを見ているもっと視界の広い上司がいるはずです。

人には公平に、尊敬をもって接しよう

自分のキャリアプランがうまくいっている人って、どういうタイプかわかりますか？

それは他人に対して公平な人、分けへだてなく接することができる人で、なおかつその接し方が丁寧な人です。

そういう人は、たいていの場合、感情がとても豊かなのです。喜怒哀楽の「喜」と「楽」の表現の仕方が上手で、誰かのうれしい話、楽しい話に本当に共感しています。だから共感してもらう方もとてもうれしい。喜と楽の相乗効果が起こるのです。そしてそういう人はたたずまいも「美しい」のです。

さらに、そういう人は滅多に表面には出さないけれど、正義の部分を持っていて、肝心のときには「怒」「哀」もきちんと表現できるもの。

人は感情をもった生き物だから、どうしても人に対しても好き嫌いがでます。もちろん、ただのお友達関係なら、「好き嫌い」だけで行動しても何の問題もありません。

でも仕事は別です。

「ちょっと苦手」「あんまり好きじゃないかも」という人とも、仕事をしていかなくてはなりません。そういうときに、好き嫌いをぐっとおさえて公平に誰とでも仕事ができる、そういうこともキャリアを自分の思った通りに進めるためには必要です。

それからもうひとつ、人に対して尊敬の心を持つこと。

それは目上の人に対してばかりではありません。私も30代の前半まで、自分より偉い人、偉人みたいな人をすごいと敬うことだけが「尊敬」だと思っていました。ですが、ある日、自分に到底できないようなことをしてくれた年下の友人がいて、そのときから「自分にできないことをする人は、年齢に関係なく尊敬しよう」と思うようになり、それは今も続いています。

女同士のマウンティング？

女性も30才を過ぎると、そのキャリアも人それぞれ、実にさまざまになります。

結婚、出産、育児、離婚、海外移住、再婚など、経験してきたことも置かれている状況も違ってきます。こういった女性同士が一緒に働いていると、同性間での衝突も少なくありません。

私のところに相談に来た女性は、同僚の未婚女性に「子どもの話は嫌」と言われて、会社に行くのが嫌になったそうです。今どきは、「相手を思いやりましょう」という道徳的な回答では生きにくくなっているのです。

自分は人と違うこと、そして相手も自分と違うことを認識すること、それを知ることが何より重要です。相手が自分になぜ攻撃するのか？　それはその人の中にある弱さが原因かもしれません。その弱さを理解すると、相手を違った風に見ることができます。

フィードバックを上手にもらえる人に

私は、何か新しいことに挑戦したときには、周囲に必ず「どうだった？」とフィードバックをもらうようにしています。

そうすると相手は「あの場面はもう少し具体的に話すと良かったよ」とか細かい話をしてくれます。そうすると「例えばどんなふうに？」とさらに私が質問することができます。先にこちらから「どうだった？」と質問することで、相手は「良かった」とか

「ちょっと元気がなかった」とか、何となくでも、印象を言ってくれるので、そこからさらに自分からフィードバックを求めることができるのです。

これが、最初に相手が「あれってこうだったよね」とジャッジがきたら、それ以上は怖くて聞けなくなりますが、自分が「どうだった？」「例えばこう？」「もし貴方だったら？」と聞けば、さらに具体的に話を引き出すことができます。

人が成長していくうえで、フィードバックをもらうことはとても大事です。

人からのフィードバックで自分に見えていないところを改善することができるのです。

また相手にフィードバックを求められたら、上手なフィードバックを返してあげることも大事です。

さらに、フィードバックを受けて悲しい気持ちになったら、それはチャンスのしるし。なぜ悲しいのかを考えることで、自分が誰かにフィードバックをするときに、相手が受ける時の気持ちを知ることができるからです。ただ単にジャッジをしたり、批判をしたりするのがフィードバックではありません。フィードバックをされる、逆にすることで、そこに「成長」や「気付き」が生まれるのが、本当の意味でのフィードバックなのです。

サプリ 10

ある素敵な女性から聞いた話です。彼女は自分がつらい状態にあったときに、「楽しい」と思えることを探すことと、「楽になる」方法を探すことについて考えたそうです。そして「楽になる」ための方法を考えることよりも「楽しい」と思えることを探すほうが、より自分が幸せな状態にあると気が付いたそうです。それ以来、「楽になる」ことを考えるのをやめたそうです。つまり「楽になる」ことよりも「楽しい」と思えることを探すほうが、人生が楽に楽しくなるということです。

チャレンジする「心」があるからチャンスがやってくる

大人になると、なかなか何かにチャレンジするという機会が減っていきます。仕事の場合だと、異動などで新しい知識や技術が必要になった時。プライベートだと何か新しい習い事をしたり、環境が変わったりした時……。

でもキャリアチェンジに「チャレンジ」は必要不可欠。

そして、チャレンジをすることでチャンスも舞い込んでくるものです。

自分に舞い込んでくるチャンスで「棚ボタ」はないと心得ましょう。棚からボタモチが落ちてくることを待っている間に、ボタモチは腐りますし、自分がそのボタモチが欲しかったら、はしごを使って取りに行けばいいのです。さらにチャンスは、それまで相当の用意をしてあったからこそ舞い込んでくるのです。

まずチャレンジは、その人の「心」からスタートします。

それは何かにチャレンジしたいという「心」です。その心が「意志」を持ってそのチャレンジを行おうとします。この行おうとする気持ち、それが「志」です。そしてこの「志」が「目標」となったときに、人は本当にチャレンジを始めるのです。

例えば「留学します」「海外に行きます」と言う学生が多いのですが、内面の思考はそこまでで、そこから先を具体的に考えていない人が多い。きちんと「目的」や「志」を持たないと、チャレンジもできないし、その先のチャンスもやってきません。

この内面のプロセスが見えていないと、実はチャレンジしようと思ってもうまくいきません。多くの人は、チャレンジは行動だと思っていますが、実はそうではなくて、チャレンジするまでの内面のプロセスがあって初めて行動にできるのです。

そして、チャレンジを実行するということは、何か行動を起こすということです。実際に行動を行うことももちろんですが、「何か始めたよ」と誰かに言ったりもします。そうすると、そのチャレンジが周囲に拡散していきます。そのチャレンジの行動や表明が拡散していくと、外的な何か（＝人や事柄）と結びついて、それがチャンスとなって自分に帰ってくるというわけです。

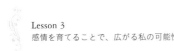

何かを失ったときは、チャンスと心得る

人生は選択と決断の連続です。

でも、自分で何かを決められない人が本当に多い。

実はこういう人はキャリアチェンジが苦手で、変化や挑戦を好まないから、チャンスもやってこないことが多いのです。こういう人に限って依存心が強かったり、過去を振り返ったときに「あのとき私はこう思っていたのに」とか「人がこう言ったから」と誰かのせいにしたりしがちです。

そういう人は、一度自分の「あのときこうすればよかった」を見直してみましょう。どうして思った通りに決断できなかったのか？　その理由は？　そこを見直すことで、次に何か決断するときには、丁寧に自分の内面にある声を拾ってあげましょう。

人はどうしても何かにチャレンジしたり、行動を起こしたりするときに否定的要素や悲観的要素を考えてしまい、その挑戦をやめてしまいがちです。

ただ、少しでも「それをやりたい」「チャレンジしたい」という気持ちがあるのならぜひ挑戦しましょう。先に述べたJ・D・クランボルツ博士の「計画性偶発理論」でも、「一人でも肯定や楽観を持てる意見があればそれに従え」というのがあります。否定的要素や悲観的要素に引っ張られず、自分の内面とよく向き合うことが大事です。

さらにチャレンジするときには、時に何かを失ってしまうこともあります。でも、何かを失ってしまうことは、実はチャンスでもあるのです。なぜなら、何かを失ってしまったということは、貴方は手に握っていた何かを手放したということだからです。今貴方の手は「からっぽ」です。これは新しい何かを手に入れるチャンスでもあるのです！

サプリ 11

人にはどうしてもその人の「選択ぐせ」というものがあります。特に何か大きな決断をしなくてはならない時に、その傾向がでてきます。例えば、「決めるときには必ず親に相談している」「いつも大変な方を選択してしまう」などなど……。ワーク11を参考に、貴方の「選択ぐせ」を考えてみるのもいいでしょう。

ワーク11　ライフイベントチャートをつくってみましょう↓164ページ

これまでの貴方の人生を振り返ってみましょう。

多くの人は、自分の人生をまとめて俯瞰してみた経験がないはずです。

このライフイベントチャートを作ってみると、これまでの自分の人生を振り返ることができます。人生の節目節目で、自分はどんな選択をしてきたのか？　それは自分の意思だったのか？　誰かの影響が強かったのか？　そしてそういった選択を経た今の自分はどんな状態か？　などなど、未来のためにも過去の自分を振り返ってみることはとても重要です。

ある人からとある人生の選択を聞いたとき、違和感を感じました。

「え？　それを選ぶの？」と……。それは「目先のわかり易さ」「目先の良さ」「目先の安定」「目先の楽しさ」からくる選択だったからです。

「目先しか見えてないから、目先を選ぶしかないんだ」「もっと視野を広く、もっと視点を鋭く、もっと視座を確かめて」といくらこちらが言葉で伝えても、目先ではないものが何なのか、物事の「本質」が見えない、理解できない人には、「目先」でしか「判断」できないという事なのです。

そういう考え方の人を責めても何も変わりません。何を言ってもその人の「目先」が変わるだけという事。そして「目先」には「未来」はありません。

ライフイベントチャートを作ってみると、自分が「目先」だけで人生の決断をしてこなかったか？　そういうことも見えてきます。

人をほめるときは、自分の驚きを添えよう！

貴方は自分が知らないことを人から教えてもらったときに何と言うことが多いですか？「なるほど！」「知らなかった」などと反応するのが一般的ですよね。

今度そういうことがあったら、ぜひ「そんなことまで知っているの！」と言ってみてください。普通、人は相手をけなすときに、よく「そんなことも知らないの？」と言いますが、何か知らないことを教えてもらったときに「そんなことまで知っているの！」と言う人はあまりいません。

ほめ言葉としてこの言葉を使うことは、相手にちょっとした驚きとそれからほめられたことに対するうれしさの両方をもたらします。

円滑なコミュニケーションにおいて人をほめることはとても大事なこと。ぜひ日頃から人を美しく、賢くほめることを心がけましょう。

プラス思考でハッピーをつくろう

つらいことがあると、人はどうしても落ち込んでしまったり、暗い顔をしてしまいがちです。貴方もちょっとした日常生活におこる「つまずき」で、眉間にしわを寄せてしまっていませんか？ 眉間にしわを寄せてばかりいると、今ある幸せが逃げていってしまうばかりでなく、いつのまにか眉間にしわが刻みこまれてしまい、見た目の「美しさ」も含めて、良いことは何もありません。

キャリアチェンジを考える際にも、物事を何でも「前向きに捉えること」はとても大事です。これは予想してなかったことや思わぬトラブルなどが自分に起こっても、それを前向きに捉えること、ともいえます。

これは、とても難しいことですが、できるようになると、今の状態よりさらに「ハッピーなこと」が舞い込むようになります。

例えば、焼きたてのクロワッサンの美味しい店に、貴方がクロワッサンを買いに行ったとします。なんとクロワッサンが貴方の前の人で売り切れてしまいました。次の焼き上がりはあと1時間後。

そうなった時、貴方はどうしますか？

「1時間も待てない」と帰るか、「1時間余裕ができたから他の用事を済ませよう」と前向きに思えるか。こういうことって日常生活の中ではよく起こることだと思います。

確かに急いでいる場合には「1時間も待てない」となるかもしれません。でもその場合でも「残念」「今日は運が悪い」とマイナスなことばかり思わずに、「今日はきっとクロワッサンに縁のない日なんだ」「家に早く帰れってことかもしれない」と、マイナスをプラスに変換する思考回路を持つことが大事なのです。

仕事をしていると、上司に怒られたり、同僚や取引相手との間にトラブルが起こったりします。もちろん起こったことに対しては、適切な対処をしなくてはならないのは大前提ですが、その後で、ぜひ少し落ち着いて考えてみて欲しいのです。

そのトラブルは自分を成長させるものにはならないだろうか？　と。

もちろん悔しかったり、頭にきたり、さまざまなマイナス感情がそのトラブルによって呼び起されたことでしょう。でも、それで終わってはいけないのです。

頭に血がのぼっている時は、そのマイナスな事柄に頭が支配されてしまって、他のことが考えられないかもしれません。でも、その感情が少し落ち着いたら、次のような視点からそのトラブルをながめてみてください。

●本当の問題は何だったのか？
●何でそんなことをしてしまったのだろう？
●どうして相手はそんなことができるのだろうか？
●悪いのは自分だけだったのだろうか？

自分の身に起こることで意味のないことは何ひとつありません。起こったトラブルによって自分も成長していく必要があります。

経験したトラブルも、何か自分に気が付かせてくれるためのものだったのだと、前向きに捉えることです。そうすれば同じようなことが起こりそうな時は、それを回避することができるでしょうし、もっと言えば、そういう貴方の前向きな姿勢が人生にも反映されていきます。

そしてそれが「美キャリア」にもつながっていきます。

そうすれば生活全体が前向きになり、ラッキーなことが起こるようになってくるのです。

また、いつも私が行っていることなのですが、日常生活で嫌なことがあったら、「水」

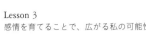

のそばに行ってみてください。例えば、洗面所で手を洗う、公園で噴水を見る、川をながめる、海を見る、お風呂に入る……。何でもいいのです。不思議と水は心を落ち着かせてくれます。「水に流す」とは、昔の人はうまいことを言ったものですよね。

最悪の時こそ口角をあげて

女性は体のバイオリズムや睡眠不足など、体調の変化によってメイクののりが良かったり悪かったりします。でも逆に睡眠不足でも、その日にデートの予定があったりすると、肌がつやつやだったりします。

それと同じで、日常生活でも何をやってもうまくいかない日もあれば、特に何もないのに気持ちがウキウキする日があると思います。

気持ちが上向きの日はそれでいいのです。問題は何をやってもうまくいかない日や気分がイマいちの日。そして、仕事やプライベートで何かトラブルを抱えている日。しかも、こういったトラブルは一日で終わらないことも多いものです。

そんな時こそ、無理をしてでもいいから、口角をあげて「ニコッ」とした表情を絶やさないようにしましょう。どんよりした気分の時は、無意識に表情も「どんより」した顔になってしまうものです。どんよりした顔では、「ハッピー」も「美」も逃げていってしまいます。

つらいときほど、無理をしてでもいいから、明るい顔をつくるよう心がけましょう。

サプリ 12

仕事で頑張ったな、というときには自分にご褒美というのもいいものです。私のおすすめはヘアメイクをして写真を撮ってもらうサービス。特に衣裳などを貸してくれる変身写真は、いつもと違う自分を楽しめるのでおすすめです。きれいになった自分に、さらに美しい気持ちになれます。

毎日の「いいこと」探しでハッピーに

日常生活は、いつも楽しいことであふれているわけではありません。仕事でのトラブル、家族とのトラブル、体の不調……。

いろいろなマイナスな事柄が生まれては消えていきます。

そんな中で、少しでもハッピーな生活を送りたいと思うのは誰もが同じこと。

日常を楽しくするのにはいくつかの方法があります。

まずは好きなものに囲まれて過ごすこと。デスクの周りにお気に入りのものを飾ったり、好きな匂いのアロマを炊いたり、文房具をお気に入りのものに新調したり。

自宅ならお気に入りのルームウエアを用意したり、いつも飲んでいるお茶を少し上質なものに変えるだけでも気分が良くなりますよね。

ちょっとした工夫で、日々の生活を少しだけハッピーにできるものです。

知り合いの女性で「いいこと日記」をつけている人がいました。その日一日にあったことの中で「いいこと」だけを、その日の夜に日記につけていくのだそうです。一日を振り返って「いいこと」だけを探し出すのは、結構大変なことだと思います。でも、その彼女は「続けることでいつでも前向きでいられる」と言っていました。

私も、夜寝る前にその日一日を振り返ることにしています。良いことも悪い事も一度振り返って、そこでリセットしてしまうのです。そうすると、翌日をまた新たな気持ちで迎えることができ、「今日も頑張ろう」と思うことができます。脳は一日の整理を睡眠中にしているそうです。だからこそ、寝る前の振り返りは、成長にもつながるのです。

自分だけの前向きになれるリセットの儀式を持つこと、それは「いいこと日記」でも「寝る前の振り返り」でも何でもいいのです。ぜひそれを毎日の習慣にしてみてください。

忙しい時こそ空白の時間でメリハリを

忙しいと、ついつい目の前の忙しいことを終わらせてしまうことばかりを考えて、自分のおかれている環境や周囲のことに目がいかなくなりがちです。

「燃え尽き症候群」という言葉を知っていますか？

これは「バーンアウト」とよばれている症状のことで、仕事に頑張りすぎて燃えつきてしまい、ひどくなると心身に異常をきたしてしまうというものです。特に真面目すぎる人、理想が高い人、完璧主義者や、対人感情労働を行う人に多いそうです。

適度に休憩をとったり、手を抜いたり、といったことができないのでどんどん自分が追い込まれてしまい、最後は対人恐怖症になってしまったり、うつになったりしやすいので注意が必要です。

実は忙しい時こそ、時間を区切ってしっかり休憩の時間をとると、仕事の時間は仕事にしっかり集中できます。その結果、「とにかく終わらせなくては」と休憩もとらずに仕事をした場合と比べて、時間がかからなかったりするものです。

忙しいとどうしてもその「忙しさ」「やらなくてはならない仕事」に押しつぶされまいとしてしまいますが、うまく切り替えることが大事です。反動をつけるためにあえて何もしない時間を入れ込む。またはまったく別なことをする時間を入れ込む。そうすることで、仕事が効率良く片づけられるはずです。

さらに忙しい時こそ、周囲に目を配る。仕事なら先手を打っておく、ということが大事です。「忙しい」を理由に目の前の忙しいことだけにかまけていたら、その忙しさが終わったとき、何も残らなくなってしまうことを肝に銘じておきましょう。

また、自分だけのリラックス方法を持っておくことも大事です。

ヨガでもアロマでもお気に入りの入浴剤でお風呂に入ることでも、実家のペットと遊ぶ、でもいいのです。そうやって忙しい中でもゆとりをもてる時間をつくるようにしましょう。

「要領」と「容量」について

私は、40歳ごろまで、「要領が良い」と自分が感じる人と出会うと、「うらやましい」と思っていました。

しかし、最近では「もったいないな。経験や知識の容量が少なくなるのに」と思うようになりました。

要領が良いと、「無駄・無理・無茶」と思われる「無」のものを入れる容量のスペースを小さくするので、将来に「有」につながる可能性のものが入らない気がしてなりません。

要領が悪いと思い込んでいる貴方。

大丈夫、「容量=キャパシティ」がどんどん大きくなっていますから！

目先の「得」は、未来の「損」ぐらいに思いましょう。

時間は「量」ではなく「質」で感じて

時間をどう捉えるかで、その人の人生は変わってきます。

時間はともするると「量」(＝長さ)で考えてしまいがちですが、私は「質」で考えてみることをおすすめします。つまり時間を「どう」使うかの「使い方＝質」ということです。長さや短さを基準に考えていては「質」の良い時間は得ることができません。

ほとんどの人は時間を習慣化して使っています。でも、その習慣を見直してみると、意外なところで無駄使いをしていたり、思いもよらないところに時間を取られていたりするものです。

自分の一日のタイムスケジュールを一度チェックしてみるといいでしょう。

仕事中の私用のメールチェックや同僚とのおしゃべり時間、帰宅後のだらだらとただテレビを見る時間など、自分でも気が付いていない「中身が薄い」時間がみつかるはずです。そういった少し残念な時間を作らないことも「美キャリア」への近道です。

会社員なら平日はしっかりと働き、土・日は仕事をしないこと。さらに土・日の二日間をどう過ごすか。そしてさらにもし3連休ならどうするか、さらに1週間休みの場合は？

など、それぞれのパターンによってやりたいことを考えてみるといいでしょう。

特に20代の人は体の疲労の回復が早いので、土・日のうち1日を自分の成長に充てるといいでしょう。30代以降の人は、土・日のどちらかで頭を、もう片方で体を休ませることをおすすめします。


また、時間の使い方には消費と浪費があります。

消費は使わなければいけない時間、浪費は無駄な時間です。これらの見極めは大事ですが、時間は誰にでも平等にあるものなので、その中でどう自分の時間をタイムマネージメントしていくかは重要なことです。大人になっても成長し続けることができる人は、自分のために時間を投資している人といえるでしょう。つまりきちんと「質」のいい時間を消費している人ということです。

「時間泥棒」にご用心

以前、飛行機に乗ったときに、搭乗口と自分の座席を見間違えたことがありました。

つまり搭乗口をずっと5Aだと思っていて、搭乗の20分前に荷物検査を受けて中に入ったら、何と5Aというのは私の座席番号で、搭乗口はずっと先の15番だったのです。それに気がついたのが出発時間の10分前。走りに走って、やっとぎりぎりの時間に15番に到着。機内に入ったら、乗客は皆さん座っている状態でした……。

出発時間を過ぎていなかったからまだよかったものの、もしこれが出発時間を過ぎていたらと思うとゾッとしました。なぜなら、私のせいで出発時間が10分遅れたら、それはその飛行機に乗っている乗客のみなさんの10分間を奪ってしまったことになるからです。10分×乗客の数を考えてみてください。どれぐらいの時間を私が奪ったことになるでしょうか？

このように人は、知らず知らずのうちに、誰かの時間を奪っていることが少なくないのです。約束の時間に遅れる、予定を過ぎても終わらない会議、忙しそうな人に対してどうでもいい世間話を話かける同僚……。どれも誰かの時間を奪っていますよね。

それを避けるためには、どこで誰に会うにしても、いつも「初めて」の気持ちで準備することです。会ったことのある人、行ったことのある場所に人は油断しがちです。人生にイレギュラーはつきもの。相手や場所がいつも予想通りで現れてくるとは限りません。自分の「つもり」は通用しないことを前提で行動するようにしましょう。

約束の時間は守る、相手が今急いでいるなら、それに気が付いてあげる、など人の時間を奪う「時間泥棒」にならないよう心がけたいものです。

「ありがとう」の気持ちを忘れずに

日ごろ、自分の周囲の人やものにあらためて感謝するということはあまりないと思います。家族はいつも当たり前にいて、自分のパソコンや洋服も当たり前に存在しています。でも、一度それらの人やモノを見直してみることをおすすめします。

それらの事柄は偶然、そこに存在しているわけではないのです。

貴方が貴方の親から生まれたのはどうして？　それは偶然でしょうか？　必然でしょうか？　どちらにしても、自分が生まれてこの世に存在していることに感謝してみてください。親以外の人間関係も同じです。貴方は、貴方を取り囲む家族や友人に支えられて生きているということを忘れないでください。そしてできるだけその感謝の気持ちを言葉にして相手に伝えましょう。豊かな言葉による感情表現も「美しさ」のひとつです。

また、ものに対しても同じです。ものだから感情がないと粗末に扱ったりしていませんか？　丁寧に扱おうと思う気持ちは、必ず対象にも通じるものです。

そしてものを大切に使っている人を見ると、こちらまでとても穏やかな気持ちになるものです。

人でもものでも丁寧に扱おうと思う気持ちは、相手に通じるし、その対象に丁寧に接する貴方の態度がまわりの空気を良くしていき、それが貴方に返ってきます。

「ありがとう」と思う気持ち、それを口に出す気持ちをいつも持ちましょう。貴方が「ありがとう」というたびに貴方に、幸と美しさが舞い込んでくるはずですから。

サプリ 13

「ありがとう」に関して行うと良い、とっておきの方法を伝授します。「ありがとう」というときの自分の顔を鏡で確認してみましょう。どんな顔をしていますか？　最高の「ありがとう」を伝えられるよう、最高の表情を研究しておきましょう。

ワーク12　自分が「人に認めてもらった」と思った経験を書き出してみましょう

↓166ページ

人は誰でも周囲から認められたい存在です。

自分が他人にどう見られたいかということについて、どう考えたらいいかについて、ジョハリの窓（47ページ）でも触れましたが、ここではまず「人に認められる」ことについてのワークを行ってみましょう。ワーク12～ワーク15まで4つのワークがありますから、それぞれ行ってみてください。

ワーク13 自分が今まで人に言われてきた言葉で、「認めてもらった」と思える言葉を書き出してみましょう↓167ページ

ワーク14 人に認めてもらったと思うときに、その相手に言ってもらいたい言葉を書き出してみましょう↓168ページ

ワーク15 人に認めてもらったと思うときに、その相手にしてもらいたい行動を書き出してみましょう↓169ページ

どうですか？　意外な自分に気が付いたりしませんでしたか？

恐らく人は人生の中で何度も他人に認められて生きてきています。その中でも相手のどんな行動が記憶に残っているのか、が見えてくるのがワーク12とワーク13です。

そして自分は人にこう見られたいんだ、こう認めてもらいたいんだ、ということが見えてくるのがワーク14とワーク15です。

こうやって書き出してみることで、自分で自分を客観的に見ることができ、自分が他人にどういう形で認められたいのかが見えてきます。

それはさらに、今後の自分の生活の中で、自分が人にどう認められたいのか、そしてどう成長していくのか？　につながっていきます。

例えば、ネガティブな人は、周囲の人が変化を褒めたりしても、「何でそんなことを言うの？」とマイナスに受け取ってしまいます。でも、これらのワークをしておくと、自分がどういう時に人に認めてもらいたいのか、どのように言って欲しいのかが分かってくるので、そういうマイナスな捉え方はしなくなります。ほめてもらいたい時に相手がほめてくれれば「ありがとう。気がついてくれてうれしい」って素直に言えますよね。

自分の変化を相手が認めてくれたことに、自分が素直に応えれば、また次も相手は自分の変化に気が付いてくれます。

実はこの「変化」こそが、その人にとっての成長になっていくのです。

私はこういうことに取り組んでいる、挑戦している、と意思表明をして、それを相手に気付いてもらう。ここで言う意思表明とは、自分の変化を口に出したり行動に表したりすることです。

そして相手がその変化に気が付けば、フィードバックをしてもらえますよね。このフィードバックが大事なのです。

ぜひたくさんのフィードバックをもらって、自分の変化に気付ける貴方になっていってください。

見知らぬ人に「ありがとう」の連鎖を

ものすごく嫌なことがあった人に、たまたま会ったとします。その人は見るからにイライラしていて、こっちが何か悪いことをしたのかしらと不安になるほどの状態です。これでは、こっちの気分も悪いし、その気持ちが周囲にも伝わってしまう。これって負の連鎖ですよね。

私は、日ごろ、この逆のことを意識して行っています。

ある日、ぼーっとしていたんでしょう、買ったばかりの洋服をある駅のホームのベンチに置き忘れてしまいました。慌てて遺失物センターに問い合わせてみたら、幸いにも届いているとのこと。私は、早速、お気に入りの和菓子を両手にかかえて受け取りに行きました。

ビジネスライクに「ここに署名してください。身分を証明するものを見せてください」と担当の方はおっしゃいます。私は書類にサインして、担当の方にこう言いながら、持参したお菓子を差し出しました。

「ありがとうございます。ほんの気持ちですが、みなさんでお召し上がりください」

担当の方は目を丸くしてびっくりです。どうしてこんなにたくさんのお菓子を持ってきてくれるのか理解できない様子でした。

「私の不注意のために、お時間を割いていただいてすみません」

もちろん、これは本心からの言葉ですが、もうひとつの理由があります。それは、私のありがとうの気持ちをお菓子という形で表わしたのですが、このお礼を受け取ってくれた担当の方が私以外の忘れ物を取りに来た人に対しても、少しでもいい気分になって対応してくれたらいいなと思ったからです。そういう気持ちで接された次の人は、きっといい気分のおすそわけを受けられるのではないか思うのです。

これが巡り巡って、また私のところに帰ってきてくれたら、これは今回のことに関わる人全員にとってハッピーなことになりますよね。

日頃、私は他人から受けた恩を「ありがとう」の何らかの形にして連鎖させるよう心がけています。このありがとうの連鎖は、戻ってくる!! とも実感しています。

別にお金をかけなくてもいいのです。縁もゆかりもない人でも、ハッピーな気分になってもらえるような行動を起こせば、いつか貴方にも「ありがとう」が戻ってくるのです。ごみをひろう、ごみを捨てない、食べ物をいただいたあとを美しくする、こういったことも日常を美しく過ごすことのひとつです。

情報は出し惜しみしない！

新入社員の研修などでよく教わるのが「報連相」という言葉。これは仕事をしていくうえで、報告、連絡、相談を忘れずにこまめに行いましょう、というもの。もちろんこの3つはキャリアをつないでいく際にも大事なことです。

そしてキャリアをつないでいく中で、この3つの中でさらに大事になっていくことが「連絡」です。見ていると、こまめに連絡している人のところには、逆に情報も集まってくるものです。たかだか「連絡」事項かもしれませんが、それを発信するとしないでは、大違い。

その連絡で伝わった情報は勝手に拡散していきます。要は自分が発信しないと、情報もやってこないということなのです。

そして一番大切なのは「共有」です。

自分の仕事も同僚の仕事も、大切なことを「共有」していることです。これがないと報告されても、相談されても意味がありません。「報連相」は共有が前提です。

– Lesson –

4

3年間を振り返ってみよう

3年間の棚卸しをしよう

私のところへキャリアの相談に来る人には、3年単位で物を考えてください、とよく言っています。なぜなら、世の中の変化のスピードがものすごく速い現代において、5年後10年後を見据えるのは、なかなか難しいことだからです。

また、3年間というのは仕事でも趣味のことでも、新しいことに挑戦してみて、結果が見えるかどうかの目安としてちょうどいい期間です。そして3年間やってみて手応えがないなら次へいけばいいのです。

特にキャリアチェンジにおいては3年単位でものを考えるぐらいがちょうどいいと思っています。そこで行って欲しいのが3年前から今までの3年間の棚卸しです。

この章では3年間を棚卸しするためのたくさんのワークを用意しました。

貴方の頭の中には、過去に対する反省だとか、将来に対する夢や希望などがいろいろあると思います。これらのものを現実化するためには、頭の中のものを一度外に出す必要があるのです。

なかなか頭の中でももやもやしているものをそのままの状態で整理するのは難しいものです。それよりも1回、文字にしてみると、全体を俯瞰して見ることができます。何でもそうですが、頭の中のことを文章にすることを日常化しておくと、物事を考えやすくなります。また、そうすることで、もやもやした状態から一歩前進もしやすくなります。

ワーク16　3年前と今とで仕事上変わったことは？↓170ページ

仕事は今と変わっていますか？　変わったのならどう変わっていますか？　どうして仕事を変えたのでしょうか？　現状に満足している人は問題ありませんが、そうでない人は、今後、どこをどう変えていきたいかも書き出してみましょう。

ワーク17　3年前と今とで仕事上で成長したと思うことは？↓171ページ

まずは今の自分の仕事、そして3年前の自分の仕事をそれぞれ振り返ってみてください。そしてどう変わったか？　自分の中で振り返りをしてみましょう。

ワーク18　**この3年間で働いた時間を計算してみましょう**↓172ページ

どのくらいの時間になりましたか？

ちなみに3年間を時間数に換算すると2万6280時間になります。その時間のうちどれくらいの時間を仕事に費やしていることになりましたか？　またそれだけの時間を費やしていることについてどう思いますか？

ワーク19　**3年前と今では収入は変わった？**↓172ページ

3年前の自分の収入が分かるものがあればそれを出してみましょう。そして今の収入と比べてみましょう。増えていますか？　減っていますか？　またその理由は？　そして来年はどうなっていたいですか？

ワーク20　**この3年間で貯めたお金の金額は？**↓173ページ

ざっとでもいいので計算してみましょう。何のための貯金ですか？　この先の目標があればその金額も見直してみましょう。

ワーク21　この３年間で使ったお金を計算してみましょう↓１７３ページ

家賃や電気、ガス、水道に食費に買い物や旅行に使ったもの……。随分とたくさんのお金を使っているはずです。

ワーク22　この３年間で増えた人間関係は？↓１７４ページ

それは仕事ですか？　私生活ですか？　またその人間関係が貴方にもたらしているものはありますか？

ワーク23　この３年間で減ったり消えたりした人間関係は？　またその理由は？↓１７４ページ

これを考えることで、今、貴方がどういう人間関係の中にいるのか、貴方の欲しい人間関係も見えてきます。

ワーク24　3年前から続けている習い事や趣味などはありますか？↓175ページ

そこで得たものは？　またどうしてその習い事や趣味が3年間続いていると思いますか？

ワーク25　この3年間で新しく始めた習い事や趣味は？　またその理由は？

↓176ページ

その習い事や趣味が自分にどんなものをもたらしてくれていますか？　また、今後その習い事や趣味は、続けていきたいですか？　続けていくとしたらどういうレベルに達したいと思っていますか？

ワーク26　この3年間でもらって一番うれしかったものは？↓177ページ

誰から何をもらったものが一番うれしかったですか？　その理由も考えてみてください。

ワーク27　この3年間で人にあげたもので一番高価なものは？↓178ページ

どうしてそのものを選んだのでしょうか？　どうして「その人」に一番

高価ものをあげることになったのでしょうか？

ワーク28

この3年間で、出かけた一番遠いところは？↓179ページ

どうしてそこに出かけたかったのか？　そして得られたものは何だったのか？　これから出かけたいところも考えてみましょう。

ワーク29

この3年間で一番感動した映画や本は？↓180ページ

それはどうして？　どうしてその映画や本が感動したのか、そのときの自分の精神状態についても考えてみましょう。

ワーク30

この3年間で恋愛をした？　どんな恋愛？↓180ページ

誰とどんな恋愛をどれくらいしましたか？　そこで学んだことはありますか？　またその恋愛をふまえて、今後はどんな恋愛をしてみたいと思いますか？

これからの3年間のために今できること

たくさんのワークで過去3年間を振り返ってみましたが、どうでしたでしょうか？

普段、気がつかない自分や、意外な自分が見えてきたりしませんでしたか？

自分が何を大事にしているかとか、3年間で自分の何が変わったかとか……。普段、気が付いてない自分は、人間関係や時間の使い方、お金の使い方などにも表れてきましたよね。それはある部分は小心だったり臆病だったり、でもある部分ではとても大胆だったり……。

自分のことってよく知っているようで意外と知らないもの。

細かい行動にも実は「その人らしさ」って表れているものですが、普段は誰もがそういうことをあまり意識しないで生活しています。

ですからこのように、細かく振り返ってみるという作業は新鮮だったと思います。

きっと意外な自分の側面にもたくさん気づいたのではないでしょうか？

3年間って短いようで意外と長い時間です。

これからのキャリアチェンジを考えるためにも、「3年間」という単位で時間を考えていくことをおすすめします。

3年後の自分のために、今の自分を生きる。

私は、今日と未来の繋がりを強烈に意識する事で自分のキャリアを作り始めて、もうすぐ20年になります。

私は40歳の時、還暦の自分なんて想像もできませんでしたが、40歳の自分は43歳の自分のために今日を生きてあげよう、と考えると、今日がとっても大切で、そして確かなものに思えるようになりました。

40歳の時に想像した60歳の私は、ここにはいませんが、55歳の時に考えた私は、今ここにいます。

ワーク31 **これから3年間にやりたいことを書き出してみましょう**↓181ページ

3年間の間にキャリアをチェンジしてみる、何か資格を取ってみる、でもいいですし、3年間の間に彼をみつけて結婚する、という目標を持つのでもいいでしょう。ぜひこれからの3年間の間にやってみたいことをリストアップしてみてください。

とにかくこれからの3年間を有効に使ってみること。そうすればきっと、貴方の「なりたい自分」が近付いてくることでしょう。

壁を作らない生き方を考えよう

自分の成長を妨げる一番の壁、それは何だと思いますか？

それは貴方自身です。

人は誰でも新しいことを始めるときには不安があります。でもそれを乗り越えてこそ、得る喜びも大きいし人は成長するのです。

確かに何かにチャレンジしたい！　飛びこみたい！　と思ったときに、誰もが「でも……」「ちょっと待って。できるかな？」と不安に思います。時間的制約や金銭的制約、自分の身体能力的制約……。そういったことを理由に挑戦することをあきらめてしまうこともしばしばあります。

でもどうしてやる前からあきらめてしまうのでしょう？
何事もやってみなければ始まらないですよね？

自分の中に壁があるから自分で自分にストップをかけてしまうのです。その壁は、失敗する自分やコンプレックスを指摘される自分から、今の自分を守るための「壁」です。でも壁を越えなければ成長はありません。他でもない、自分が作った壁に阻まれて、自分が成長しないなんてもったいないと思いませんか？

逆に自分は自然体で接しているのに相手に壁を作られているな？　と感じることもありますよね？　そういうときはよく考えてみてください。自分も壁を作っていないと思って、実は壁を作っているのかもしれません。

口癖の見直しをしてみよう

人には気が付かないうちに、ついつい口に出してしまう「口癖」があります。私が埼玉県庁の職業訓練校に勤めていたころの口癖は「ま、いいか」でした。でもこれも私自身は意識せず、周囲に指摘されて気が付いたこと。「ま、いいか」と言うと、生徒はなげやりにされたと感じるからやめたほうがいいと指摘されたのです。

貴方も周囲の人に「私の口癖って何だと思う？」と聞いてみてください。

きっと口癖は一つではないはずです。

そしてそれには否定的な口癖と肯定的な口癖があります。まずは周囲にインタビューをしたら、その口癖が否定的なものか肯定的なものか選り分けてみてください。

そうすることで普段の自分のバランスが、ポジティブな状態にいることが多いのか、それとも悲観的な状態にいることが多いのか、何となく判断できると思います。

そして今度は、日常生活でそれらの悲観的な言葉をできるだけ使わないように心がけてみてください。

それだけでも毎日の心持ちが変わってくるはずです。ポジティブな未来を手に入れるためには、毎日のちょっとした心の在り方も大事なのです。

「決め癖」の見直しも必要

「口癖」同様、人には「決め癖」というものがあります。

これまでの人生で貴方はいくつもの選択と決断をしてきました。高校を選ぶとき、高校卒業後の進路を選ぶとき、就職先を選ぶとき……。友人にしろ恋人にしろ、誰かと付き合うのだって、その人を選んだのは、他でもない貴方自身のはずです。

もちろん、それぞれの時々で選択肢は限られていたかもしれません。でもどの場合でも何か基準があって決断をしてきたはずです。その基準とは直感かもしれませんし、親のすすめかもしれませんし、いつも誰かに相談してその相手の答えに従っていたのかもしれません。

そこに何か傾向はありませんか?

そして貴方はこれまでの自分の人生の決断に満足していますか?

満足している人は、この先も自分の「選択の基準」を信じてもらってかまわないと思いますが、そうではない人は、今ここで自分の「選択の基準」の傾向についてしっかりと考えてみましょう。実は選択の基準は、貴方の価値観そのものなのです。

いつも親の決断に従っていなかったか、多数決に従っていなかったか、周囲に流されていなかったか、などなど……。

この先もそれでいいのでしょうか?

貴方の人生はほかならない貴方だけのもの。

自分の納得のいく人生（キャリアチェンジや美キャリアを含む）のためには、自分で決断してそれに沿って生きて行くしかありません。

そのためには自分の「決め癖」を知っておくことはとても大事なのです。

コンプレックスと上手に向き合おう

貴方にはコンプレックスがありますか？

こう聞かれて、NOと答える人はまずいないと思います。

そしてそれは、貴方の外見だったり、性格だったりしますよね。自分の中にコンプレックスがあることによって、自分のキャリアチェンジにはプラスにならないことは分かっているけれど、かといってそれを取り除くのは簡単ではありません。

そもそも、何でそれがコンプレックスになったかという原因が分からないと、そこに向き合うこともできないし、解消もできません。だから、コンプレックスから逃げないこと。別の言い方をすると、コンプレックスをきちんと知ることによって新しい自分も生まれるし、それをバネにすることもできるので、コンプレックスと上手に付き合う方法が分かると、ずいぶん楽に生きていくこともできるのです。

私の知人に、容姿にコンプレックスを持っている女性がいるのですが、とにかくお化粧っ気がありません。「肌はきれいなのに、顔が少しさみしがっているかも。アイシャドウをしたり、マスカラを塗って目元を目立たせれば気分が変わるよ」と、アドバイスをしたことがあります。

「マネジメント」で知られるP・F・ドラッガーは「弱みを向上させるよりも強みを生かせ」と言っています。まさにその通りで、コンプレックスを一生懸命リカバリーしようというよりも、今の自分をもっと良くすることに力を入れたほうがいいのです。

コンプレックスは、自分の中ではどんどん大きくなっていってしまうのが厄介なところなのですが、もし自分のルックスに気に入らないところがあっても、いいところをうんと伸ばせばいいのです。それに、自分ではコンプレックスだと思っていても、他人から見るとそんなこと気にもしていないということもたくさんあります。

それに、年齢を重ねるとコンプレックスは次第に薄れてくるということも知っておいてください。

それはどういうことかというと、コンプレックスと長く付き合っていくうちに、慣れてしまい、その結果、うまく付き合えるようになってくるものなのです。また、自分がそこばかりを見なくてもよくなってきたりするからかもしれません。

そして、コンプレックスのある自分は、自分の一部ではあるけれど、それがすべてではないし、大したことではないのです。

五感をフルに使ってみよう

毎朝、私はお風呂に入りながら、今日1日にしなければいけないことを、頭の中で整理します。

いくつかの私の分身がいて、大学の講義をする分身、原稿を書く分身、セミナーで講演をする分身などが、それぞれ別々にやらねばならないことを考えるのです。

「考える」というよりはむしろそれぞれに「意識させる」という感覚の方が近いかもしれません。

そうすると、歩いていたり、本を読んでいたりする日常生活の中で、意識と無意識がひとりでにつながってくれて、何かアクションを起こそうとするとき、無意識にいいものがポンと出てくるのです。

私は、これを「無意識のポケット」と呼んでいます。

「丸の内で、ヒールを履いて、ビジネスバックを持って、素敵なスーツを着るＯＬになりたい」と言って、その通りになった教え子がいました。

イメージすることはとても大事なのです。

彼女は3年後に自分がいる場所をすごく具体的に思い浮かべて、そこに向かって意識を無意識化していったのです。それって単なる偶然でしょ？　と言う人もいるかもしれませんし、確かに そうかもしれません。でも、その偶然というのは、やっぱり自分の無意識の行動がその偶然を呼び起こしているのではないかと思うのです。


あることを強く意識すると、意識した対象を心のセンサーでキャッチすることができるのです。人間はボヤッとしているようですけど、頭が休んでいても目や耳がそれを逃しません。これを「カクテルパーティー効果」というのですが、ざわざわしたカクテルパーティー会場でも、なぜか貴方の噂話が聞こえてきて「！」と反応するのはそのためです。

大混雑するイベント会場で迷子の放送があっても絶対に耳に入りませんが、その当事者ならすごく良く聞こえるものなのです。つまり、自分が欲しい情報は収集できるものだということです。

意識と無意識というものを呼び起こすことは、自分の中の新しい自分に気付くことです。学生にもいつも言っていることなのですが、チャンスがあるとか、ラッキーというのは、結局のところ、選択肢が大きく広がった状態にあること。だから、選択肢を広げるためにやらなければいけないことは、無意識に見逃しているものに神経を研ぎ澄ませ目を向け、耳を傾けるという五感をフルに使うことだと思うのです。

– Lesson –

5

私の変化を追ってみよう
〜ワークの使い方

ワークの活用を

貴方がこうありたいという「キャリア」や「美しさ」を手に入れるためには、無理やり前向きな生活をすることではなく、毎日の暮らしの中で、少しだけ心の向きを変えていくことから始めればいい、と今まで述べてきました。

貴方がやらねばならないことは、簡単そのもの。

ハッピーになりきれない自分を把握し、ハッピー体質に改善していくための小さな行動を記録するだけなのです。

この本は過去の貴方の姿を浮かび上がらせ、今の貴方に気付きを与え、これからの貴方をさらに成長させていくための記録ノートでもあります。

本書に直接記入してもいいですし、本に直接書き込むのに抵抗があるならコピーして利用してもいいでしょう。

お気に入りのノートや仕事で利用している手帳やリフィルに、ワークの気になる項目を書き写して、貴方だけのノートにするのもいいでしょう。

三つ子の魂百まで、と言うように、過去を振り返るときは、もの心がついた頃からたどっていくのがベストでしょう。ですが、今の貴方をハッピーにするなら、貴方の過去は3年前から振り返れば十分です。

それも思い出せないのなら、1年前からでもいいのです。ワークは番号順に進めたほうが自分の姿を見つめやすいと思いますが、書きやすそうと思った部分や気になったところから進めていってもOKです。

このようなワークは、ぜひ今度も続けていってほしい作業です。3年間続けることができたら、そのころにはおそらく貴方は貴方の理想の姿そのものになっていると思います。

結果が明らかに見えてくるのに1年はかからないことでしょう。

結果が出ればますます、このワークが楽しくなり、日々の習慣になっていくはずです。

ワーク１ ― 19ページ

現在の自分の夢や、やりたいことを書き出してみましょう

ワーク 2 — 24ページ

1年前の自分を振り返ってみましょう

●まずは1年前の自分を思い出してみてください。どこで何をしていましたか？

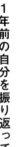

●1年前の平均的な1日のスケジュールを書き出してみましょう。

0：00 …………	12：00 …………
1：00 …………	13：00 …………
2：00 …………	14：00 …………
3：00 …………	15：00 …………
4：00 …………	16：00 …………
5：00 …………	17：00 …………
6：00 …………	18：00 …………
7：00 …………	19：00 …………
8：00 …………	20：00 …………
9：00 …………	21：00 …………
10：00 …………	22：00 …………
11：00 …………	23：00 …………

●そして、現在の自分の1日を思い起こし、平均的な1日のスケジュールを書き出してみましょう。

0：00 …………	12：00 …………
1：00 …………	13；00 …………
2：00 …………	14；00 …………
3：00 …………	15：00 …………
4：00 …………	16：00 …………
5：00 …………	17：00 …………
6：00 …………	18：00 …………
7：00 …………	19：00 …………
8：00 …………	20：00 …………
9：00 …………	21：00 …………
10：00 …………	22：00 …………
11：00 …………	23：00 …………

ワーク3 — 27ページ

自分の資産をリストアップしてみましょう

●資産があると思える点（健康状態、経験、人間関係、貯金・現金、学歴、資格など）。

●負の資産だと思える点（今までの失敗をそのままにしている点など）。

ワーク4 ― 32ページ

自分の中の「OK」と「NO」を書き出してみましょう

●OK……自分の中で「ここはいいところだと思う」「自分の強みだ」「長所だ」と思う点を書き出してみましょう。

・・・・・・・・・・

●NO……「ここは直したい」「どうも好きになれない点」などを書き出してみましょう。

ワーク5—56ページ

自分の興味、関心、見えているモノを100個書き出してみましょう

ワーク6 65ページ

自分の中の「過剰な３Ｋ」を書き出してみましょう

●過剰な自意識

●過剰な反応

●過剰な自意識

ワーク7 ―― 67ページ

他人に何を言われても、これだけは譲れないという貴方の「軸」を、具体的に書き出してみましょう

・
・
・
・
・
・
・
・
・
・

ワーク8 ― 69ページ

「人生でやりたいこと」を全部書き出してみましょう

ワーク9 ── 69ページ

「人生でやりたいこと」を分類してみましょう

ワーク8で挙げた「人生でやりたいこと」を、仕事でやりたいこと、と私生活でやりたいことに分けてみてください。

●仕事でやりたいこと

●私生活でやりたいこと

ワーク 10 — 70ページ

「人生でやりたいこと」に優先順位をつけてみましょう

次にさらに ワーク 9 で2つに分類した「人生でやりたいこと」に、それぞれで優先順位をつけてみてください。

●仕事でやりたいこと

①
②
③
④
⑤
⑥
⑦
⑧
⑨
⑩

●私生活でやりたいこと

①
②
③
④
⑤
⑥
⑦
⑧
⑨
⑩

ワーク11 — 102ページ

ライフイベントチャートをつくってみましょう

自分の過去を振り返り、それぞれの年齢のときにおこった、良い思い出と悪い思い出を書き入れていきます。何も思い出せない年齢のところはそのままにしておきます。

辛い又は悲しい思い出

0歳…
1歳…
2歳…
3歳…
4歳…
5歳…
6歳…
7歳…
8歳…
9歳…

26歳…
27歳…
28歳…
29歳…
30歳…
31歳…
32歳…
33歳…
34歳…
35歳…

良い思い出

0歳…
1歳…
2歳…
3歳…
4歳…
5歳…
6歳…
7歳…
8歳…
9歳…

26歳…
27歳…
28歳…
29歳…
30歳…
31歳…
32歳…
33歳…
34歳…
35歳…

10歳…
11歳…
12歳…
13歳…
14歳…
15歳…
16歳…
17歳…
18歳…
19歳…
20歳…
21歳…
22歳…
23歳…
24歳…
25歳…

36歳…
37歳…
38歳…
39歳…
40歳…
41歳…
42歳…
43歳…
44歳…
45歳…
46歳…
47歳…
48歳…
49歳…
50歳…

10歳…
11歳…
12歳…
13歳…
14歳…
15歳…
16歳…
17歳…
18歳…
19歳…
20歳…
21歳…
22歳…
23歳…
24歳…
25歳…

36歳…
37歳…
38歳…
39歳…
40歳…
41歳…
42歳…
43歳…
44歳…
45歳…
46歳…
47歳…
48歳…
49歳…
50歳…

ワーク 12 — 120ページ

自分が「人に認めてもらった」と思った経験を書き出してみましょう

ワーク13 —121ページ

自分が今まで人に言われてきた言葉で、「認めてもらった」と思える言葉を書き出してみましょう

・・・・・・・・・・

ワーク14 ― 121ページ

人に認めてもらったと思うときに、その相手に言ってもらいたい言葉を書き出してみましょう

・
・
・
・
・
・
・
・
・
・

ワーク15 ─ 121ページ

人に認めてもらったと思うときに、その相手にしてもらいたい行動を書き出してみましょう

・
・
・
・
・
・
・
・
・
・

ワーク16 — 129ページ

3年前と今とで仕事上変わったことは？

ワーク17
129ページ

3年前と今とで仕事上で成長したと思うことは？

・・・・・・・・・・

ワーク18 ― 130ページ

この3年間で働いた時間を計算してみましょう

ワーク19 ― 130ページ

3年前と今では収入は変わった？

ワーク20 — 130ページ

この3年間で貯めたお金の金額は？

ワーク21 — 131ページ

この3年間で使ったお金を計算してみましょう

ワーク22 ― 131ページ

この3年間で増えた人間関係は？

ワーク23 ― 131ページ

この3年間で減ったり消えたりした人間関係は？　またその理由は？

ワーク24 — 132ページ

3年前から続けている習い事や趣味などはありますか？

●そこで得たものは？

●どうしてその習い事や趣味が3年間続いていると思いますか？

ワーク25
―132ページ

この3年間で新しく始めた習い事や趣味は？

●そこで得たものは？

●この先も続けていきたいと思う場合その理由は？

ワーク26 —132ページ

この3年間でもらって一番うれしかったものは？

●どんなアイテムですか？

●うれしかった理由は？

ワーク27 —132ページ

この3年間で人にあげたもので一番高価なものは?

●どんなアイテムですか?

●あげた理由は?

ワーク28 ―133ページ

この3年間で、でかけた一番遠いところは?

●どこにでかけましたか?

●選んだ理由は?

●これから出かけたいところは?

ワーク29 — 133ページ

この3年間で一番感動した映画や本は？

ワーク30 — 133ページ

この3年間で恋愛をした？　どんな恋愛？

ワーク31
136ページ

これから3年間にやりたいことを書き出してみましょう

あとがき

1999年12月31日、大みそかのこと。私は、台所で年越しの準備をしていました。こたつでTVを見ていた同居の姑が「貴ちゃん。もう台所仕事はいいから、こっちでTVを見よう。21世紀が始まるってよ」と優しく声をかけてくれました。

その声を聴いた瞬間、「あぁ〜、よかった」と涙があふれてきました。それは、小学校5年のときの自分を思い出したからです。

小学校5年生の時、学校で「21世紀の私」という作文を書かされました。当時の私の家庭は、仕事・仕事を言い訳に家庭に寄り付かず、日本中を駆け回っている父、看護師として昼夜働く母、反抗期で面倒な異母兄、と、その生活は決して明るいものではありませんでした。学校も好きではありませんでした。

不登校気味で友人も少なく、いつも本を読んで、空想の生活を書いている。一言で言えば「困った小学生」でした。当時の私には、現実に置かれている自分の複雑な家庭からしか、21世紀の自分を見ることができませんでした。

その作文に私は、「21世紀の私は、きっとろくでもない人間になっていると思います」と書いてしまいました。きっとその時の私なりのSOSだったのでしょう。母は

翌日それを読んだ担任の先生が家庭訪問にやってきました。母は「先生、先生は娘の未「先生、先生は娘の未来に責任をどれぐらいお持ちですか？　娘は娘なりに生きていきます」と啖呵を切っていました。

隣の部屋で「あぁ〜お母さん。またやったな」という悲しい思いと、母らしい媚びない態度に口角があがったのを覚えています。翌日から、またしばらく学校からは遠ざかってしまいましたが……。

そして21世紀、現実の私は、少なくとも「ろくでもない人間」にはならずにすみました。私は42歳になり、地方公務員として再就職し、夫と2人の息子、同居の義父母、自宅から車で10分の所に呼び寄せた両親に囲まれて、平凡な生活をしていました。

「ろくでもない私」にならなかった理由は、当時の私のＳＯＳを重く理解した両親が、私の環境を変えることを優先し、父の仕事の拠点を九州から東京へ移したからです。私自身も転校というキャリアの転機を経て、新しい自分を幼いなりに作ることができたからです。

しかし、それでも、私の人生の脚本は母親が握っていましたので、私は母が認める就職をし、結婚・出産・再就職という母のシナリオの中で人生を作っていきました。

母が亡くなった時、私は46歳。それまでの公務員としてのキャリアも家庭も、「それなり」だったと思います。そして、それまでの人生には、「挑戦」というものがありませんでした。母の死をきっかけに、50歳の時に、私は、自分が後悔しない「自分作り」をしようと、誰もが反対し、無謀とまで言われた公務員の退職を決意し、別の道へ進むことを実行しました。

公務員を辞めるという段階では、現在の大学教員という仕事は、まったく考えもしませんでした。当時の私の最終学歴（短大卒）では、あり得ないと思い込んでいたからです。

それから、大学の特任准教授という新しい扉が開き、その先には私が見たこともない新しい世界が開けていきました。そして、50歳を過ぎた時に、私のコンプレックスであり、弱点でもある「学歴」と向かいあって、大学院へ挑戦しました。大学の教員でありながらの大学院入学は正直いろいろな葛藤がありました。が、挑戦のその先の景色を見たい、今できることをやらないと60歳の自分が来ない、と自分を奮い立たせました。

大学院入学と同時に夫のがん再発がわかり、一時は退学も考えましたが、ここで辞めたら、その先も挑戦をしない弱い自分が見えていたので、文字通り泣きながら論文と格闘し、修了することができました。

そして2017年8月、夫は60歳の人生を終えました。

闘病の12年間は、私にとって、彼との別れのレッスン期間でもありました。

夫が亡くなり、それまで考えていた「夫がいる未来」が消えました。

しかし、別のことが見えてきたのです。私の35年間の結婚生活は「彼が書いたシナリオ」

だったということを。2人で描いていたようでしたが、実際は彼が主導していたのです。

これからの残りの人生の時間は、私にも分かりません。しかし、私の人生脚本の執筆者は私自身であり、主役は私なのです。これを遅いとは思いません。これまでの時間と経験があったからこそ、私は自分の脚本を書くことができるのだと思っています。まだ誰も見たこともないような60代、70代、「歳を重ねるほどに人生が美しくなれるように」私自身も生きていきたいと心から思っています。

この本は夫の闘病などで4年近く出版することができませんでした、その間温かく支援して下さった編集の長谷川華さん、装丁を描いてくださった山口香代子さん。ありがとうございました。

私の周りで私を支えて下さった皆様へ心より感謝しております、「ありがとう」。

2017年12月　小島貴子

Profile

小島 貴子 Kojima Takako

1958年生まれ。埼玉県庁職業訓練指導員、立教大学大学院ビジネスデザイン研究科特任准教授などを経て、現在、東洋大学理工学部生体医工学科准教授。元埼玉県雇用・人材育成推進統括参与。多数の企業で、採用・人材育成コンサルタント及びプログラム作成と講師を務める。また、家族関係・キャリアカウンセリングでの支援も多数行っている。著書に、『就職迷子の若者たち』（集英社新書）、『働く意味』（幻冬舎新書）、『50歳からの 100歳人生の生き方』（さくら舎）など多数。

私らしいハッピーキャリアの見つけ方

美キャリア

2017年12月25日（初版第1刷発行）

著者　小島貴子

発行人　佐々木紀行
発行所　株式会社カナリアコミュニケーションズ
〒141-0031　東京都品川区西五反田6-2-7
ウエストサイド五反田ビル3F
TEL 03-5436-9701　FAX 03-3491-9699
http://www.canaria-book.com

印刷　石川特殊特急製本株式会社
表紙　山口香代子
デザイン　永野 舞
DTP協力　津久井直美
編集協力　長谷川 華

ISBN978-4-7782-0418-1　C0034